湖北省学术著作出版专项资金
Hubei Special Funds for Academic Publications

论文化自信

沈壮海 著

长江出版传媒
湖北人民出版社

图书在版编目(CIP)数据

论文化自信/沈壮海著.
武汉:湖北人民出版社,2019.1
ISBN 978-7-216-09559-4
Ⅰ.①论… Ⅱ.①沈… Ⅲ.①中国特色社会主义—文化事业—研究
Ⅳ.①G12
中国版本图书馆CIP数据核字(2018)第222249号

责任编辑:章雪峰　胡心婷　赵世蕾
封面设计:水玉银文化
责任校对:范承勇
责任印制:王　超

出版发行:湖北人民出版社	**地址**:武汉市雄楚大道268号
印刷:湖北新华印务有限公司	**邮编**:430070
开本:787毫米×1092毫米　1/16	**印张**:17.25
版次:2019年1月第1版	**印次**:2020年5月第6次印刷
字数:206千字	**插页**:1
书号:ISBN 978-7-216-09559-4	**定价**:60.00元

本社网址:http://www.hbpp.com.cn
本社旗舰店:http://hbrmcbs.tmall.com.
读者服务部电话:027-87679656
投诉举报电话:027-87679757

目录

CONTENTS

壹

什么是文化自信

我们所要增进的文化自信，是中华民族对于自我文化理想、价值、活力与前景的确信。高度的文化自信，内含着我们这个民族对于自己文化理想的信仰与持守、对于自己文化价值的充分肯定与认同、对于推进自己文化创新发展的坚韧与执着，是中华民族文化主体性的重要体现，是我们在文化竞争的时代风云中立稳脚跟的重要前提，是我们创造中华文化新辉煌、有新贡献于人类文明必有的底气和勇气。

理解文化自信，要有整体性思维，既要对中国文化有整体性的认知和把握，也要对道路自信、理论自信、制度自信和文化自信有整体性的认知和把握。

文化自信作为一种在文化问题上的积极精神状态，有其关键性的构成维度。文化精神的自信、文化能力的自信、文化道路的自信，是其中的重要方面。这三个方面的自信，分别指向文化的内容体系、创造主体、发展路径，也提示着我们推进文化自信建设的基本着力点。

文化自信及其意义

文化自信是一个民族在文化问题上所具有的一种积极精神状态，它体现为观察、思考和推动文化发展进程中对于优秀传统的礼敬、直面世界的从容、开创未来的坚毅。高度的文化自信，是一个民族能够在文化上有新创造的精神底气，是一个民族能够走向并始终走在时代前列的必备条件。

党的十八大之前，很多人便开始对这一问题进行系统的研究。十八大报告一个重要的理论贡献，是在回顾和展望我们民族、国家和党的奋斗历程的基础上，提出了“三个自信”，强调要坚定中国特色社会主义的道路自信、理论自信、制度自信。实际上，十八大报告是“三个自信”并提，“四个自信”共论。“并提”指的是将道路、理论、制度三个自信放在一起同时予以阐述、予以强调，并且还讲了道路、理论、制度之间的关联。“四个自信”共论指的是什么？十八大报告里面也有专门的篇章讲了文化自信，虽然没有与前面三个自信放在一起，但是“四个自信”已经同时出现在了十八大报告里面。

十八大报告的文化部分提出了我们要扎实推进社会主义文化强国建设的问题，里面有一句关键性的表述是我们要“树立高度的文化自觉和文化自信”。文化自信明确写进党的代表大会的报告是从十八大开始的。

十八大以来，在扎实推进社会主义文化强国建设、推进中华民族伟大复兴的进程中，我们党高度关注当代中国文化自信的建构与增进。习近平总书记反复强调文化自信问题，多次要求加强对中华民族优秀文化和光荣历史的宣传教育，增强做中国人的骨气和底气；讲清楚中华优秀传统文化的历史渊源、发展脉络、基本走向，讲清楚中华文化的独特创造、价值理念、鲜明特色，增强文化自信和价值观自信。

2014 年 3 月“两会”期间，习近平总书记参加贵州代表团审议讨论的时候讲：体现一个国家综合实力最核心的、最高层的，还是文化软实力，这事关一个民族精气神的凝聚；我们要坚持道路自信、理论自信、制度自信，最根本的还有一个文化自信。这一段话，很简洁，但内涵非常丰富。讲“体现一个国家综合实力最核心的、最高层的，还是文化软实力”①，强调了文化在综合国力中的地位、在国力结构中所具有的重要性。对于文化在综合国力中的地位，我们曾多有阐述。江泽民、胡锦涛讲到文化问题的时候都经常讲文化是综合国力的重要标志。习近平总书记在这一次讲话中，不仅强调文化是重要标志，而且接连用了两个“最”——最核心的、最高层的。这次讲话还讲到了文化自信在“四个自信”结构中的地位——“要坚持道路自信、理论自信、制度自信，最根本的还有一个文化自信”。在这一讲话中，对于文化自信问题，习近平总书记第一次用了三个最——最核心、最

①《“改革的集结号已经吹响”——习近平总书记同人大代表、政协委员共商国是纪实》，《人民日报》2014 年 3 月 13 日。

高层、最根本。

十八大之后，习近平总书记主持召开了文化领域的多个座谈会。其中第一个专门性的座谈会即2014年10月15日召开的文艺工作座谈会。会上，习近平总书记再一次提到了文化自信问题。他说："增强文化自觉和文化自信，是坚定道路自信、理论自信、制度自信的题中应有之义。"他还强调："各级党委要从建设社会主义文化强国的高度，增强文化自觉和文化自信，把文艺工作纳入重要议事日程，贯彻好党的文艺方针政策，把握文艺发展正确方向。"①

2014年12月20日，澳门回归祖国15周年之际，习近平总书记到澳门视察，来到澳门大学横琴校区。在与学生们交流的时候，习近平总书记从中华优秀传统文化讲起，落脚点又讲到了当代中国人文化自信的构建。习近平总书记说："中华文化源远流长、博大精深，如同一座宝藏，一旦探秘其中，就会终生受用。我们要取其精华、去其糟粕，赋予中华传统文化以新的时代内涵，使之成为我们的精神追求和行为准则。"②他希望大学生们学习了解我们民族和国家的历史，汲取中华民族的精神力量，增强民族自豪感，增强文化自信，增强作为一个中国人的骨气和底气。这里面讲的自豪感、自信心、骨气和底气都包含着同一个意思，都涉及我们当代中国人文化自信的涵养和提升问题。

2015年11月3日，习近平总书记会见第二届"读懂中国"国际会议的与会代表。这个会议由中国国家创新发展战略研究会、北京市人民政府等联合主办。2013年11月3日举办了第一届。习近平

---

① 中共中央文献研究室编:《十八大以来重要文献选编》(中),中央文献出版社2016年版,第137页。

② 澳门大学澳门研究中心,郝雨凡、林广志:《澳门回归大事编年(2010—2014)》,社会科学文献出版社2015年版,第382页。

总书记每一次都会见与会代表，代表主要是国外的一些前政要和著名的企业家、战略家等人士。在第二次会议期间，习近平总书记会见代表的时候，又讲到了中国文化以及中国人的文化自信问题。他说："我们从哪里来？我们走向何方？中国到了今天，我无时无刻不提醒自己，要有这样一种历史感。伫立在天安门广场的人民英雄纪念碑有一组浮雕，表现的是 1840 年鸦片战争到 1949 年中国革命胜利的全景图。我们一方面缅怀先烈，一方面沿着先烈的足迹向前走。……中国有坚定的道路自信、理论自信、制度自信，其本质是建立在 5000 多年文明传承基础上的文化自信。"①这里讲到了"四个自信"之间的关联——道路自信、理论自信、制度自信，"其本质是建立在 5000 多年文明传承基础上的文化自信"。中华民族当下的道路、当下的发展有五千多年文明的深厚积淀。我们当下的道路是接续着 5000 多年悠久的历史文明继续向前走，有历史的合理性、必然性。5000 多年文明的深厚积淀是我们民族继续向前走的重要精神资源、文明根据。

2016 年 5 月 17 日，习近平总书记主持召开哲学社会科学工作座谈会。他强调："我们说要坚定中国特色社会主义道路自信、理论自信、制度自信，说到底是要坚定文化自信。文化自信是更基本、更深沉、更持久的力量。"②进一步阐明了文化自信的重要性和独特性。历史和现实都表明，一个抛弃了或者背叛了自己历史文化的民族不仅不可能发展起来，而且很可能上演一场历史的悲剧。

2016 年 6 月 28 日，中央政治局第 33 次集体学习，主题是严肃党内的政治生活、净化党内的政治生态。在主持学习时，习近平总书记从党的建设角度再次把文化自信问题明确地提出来了。他说：严

---

①《阔步走在中华民族伟大复兴的历史征程上——记以习近平同志为总书记的党中央推进全方位外交的成功实践》，《人民日报》2016 年 1 月 5 日。

②《习近平谈治国理政》第二卷，外文出版社 2017 年版，第 339 页。

肃党内政治生活是一篇大文章……要固本培元，把加强思想政治建设摆在首位，引导党员特别是领导干部筑牢信仰之基、补足精神之钙、把稳思想之舵，坚定中国特色社会主义道路自信、理论自信、制度自信、文化自信，增强党的意识、党员意识、宗旨意识，坚守真理、坚守正道、坚守原则、坚守规矩，做到以信念、人格、实干立身。习近平总书记在这次讲话中第一次把“四个自信”明确并提。

2016 年 7 月 1 日，在庆祝中国共产党成立 95 周年大会上，习近平总书记从八个方面讲了新的历史条件下中国共产党人要不忘初心、继续前进。八个方面中的第三个方面讲的是文化，讲到了文化自信问题，他强调：“坚持不忘初心、继续前进，就要坚持中国特色社会主义道路自信、理论自信、制度自信、文化自信，坚持党的基本路线不动摇，不断把中国特色社会主义伟大事业推向前进。”“文化自信，是更基础、更广泛、更深厚的自信。”① 他从五千年文明讲起，讲我们的优秀传统文化、革命文化和社会主义先进文化，都代表着我们民族深厚的精神追求，是我们民族的精神标识。这一讲话对文化自信问题给予了更加丰富明确的阐述。

2016 年 11 月 30 日，中国文联十大、中国作协九大开幕式上，习近平总书记再一次讲到文化自信问题。他讲：“文化是一个国家、一个民族的灵魂。历史和现实都表明，一个抛弃了或者背叛了自己历史文化的民族，不仅不可能发展起来，而且很可能上演一幕幕历史悲剧。文化自信，是更基础、更广泛、更深厚的自信，是更基本、更深沉、更持久的力量。坚定文化自信，是事关国运兴衰、事关文化安全、事关民族精神独立性的大问题。”② 六个“更”、三个“事关”，进一步点明了文化自信的重要意义。

---

①《习近平谈治国理政》第二卷，外文出版社 2017 年版，第 36 页。

②《习近平谈治国理政》第二卷，外文出版社 2017 年版，第 349 页。

2017 年初，中纪委第七次全委会上，习近平总书记再次从党的建设高度论述了这个问题。他强调要依靠文化自信坚定理想信念，“领导干部要不忘初心、坚守正道，必须坚定文化自信。没有中华优秀传统文化、革命文化、社会主义先进文化的底蕴和滋养，信仰信念就难以深沉而执着”①。

在 2017 年 10 月召开的党的十九大上，习近平总书记再次强调指出：“文化自信是一个国家、一个民族发展中更基本、更深沉、更持久的力量”；“没有高度的文化自信，没有文化的繁荣兴盛，就没有中华民族伟大复兴”。②

自信作为一种积极的精神状态，发自于肺腑，深植于人心，且坚定执着，难于移易。正因如此，自信与持守的定力、与前驱的激情、与奋斗的韧性等都紧紧地联系在一起，是一种无形而强大的力量。无论是我们的发展道路、指导理论，还是社会制度、思想文化，当人们对其形成确信的时候，它便具有一种赢得人心、凝聚人心的力量，具有借以实现的动力、持守的定力。因而，对于道路、理论、制度、文化等的自信，是我们摆脱徘徊游移、奋力向前的精神基础和思想前提，是推动我们开创美好未来的深刻而持久的力量。

在诸多的自信之中，之所以文化自信更基础、更广泛、更深厚，在于文化以其丰富多彩而又鲜活醇厚的形态存在于人民之中，在于文化对人心的影响有如水润万物细腻无声而又无不浸透其里，在于对中华文化的认同是所有中华儿女凝聚团结的精神纽带，还在于人

---

① 中共中央文献研究室编：《习近平关于社会主义文化建设论述摘编》，中央文献出版社 2017 年版，第 17 ～ 18 页。

② 习近平：《决胜全面建成小康社会　夺取新时代中国特色社会主义伟大胜利——在中国共产党第十九次全国代表大会上的报告》，人民出版社 2017 年版，第 23、41 页。

们有了对文化的理解与认同，可以更深入地理解我们的道路、理论、制度之所由来、之所前往，从而增进道路自信、理论自信、制度自信。文化自信更基础、更广泛、更深厚，是因为文化的存在形态及其影响人心所独具的特点，是因为中华文化之于中华民族每一分子所共有的意义，也是因为我们的文化蕴含着我们所选择和探索形成的道路、理论、制度所由出发的“初心”。文化自信是道路自信、理论自信、制度自信“背后”更深层的依据。就此而言，理解“文化自信是更基础、更广泛、更深厚的自信”这一命题的重要价值，既要看到它所揭示的文化自信的根本性及增进文化自信在推进民族复兴进程中的深远意义，也要看到这一命题所内含的一个重要启示，即要充分发挥文化的作用，用活文化的资源，在增进文化自信的进程中促成中国特色社会主义道路自信、理论自信和制度自信的有效提升。

理解文化自信要有整体性

理解文化自信，要有整体性思维。这种整体性既体现在对中国文化、对我们所讲的“文化自我”要有整体性的认知和把握，也体现在对道路自信、理论自信、制度自信和文化自信有整体性的认知和把握。

一、中国文化的整体性

文化自信之“自”，是“自我”，是中华民族，是中国。文化自信，最根本的内涵即在于对自我文化价值、理想、成就、前景等的确信。从这个角度出发，所谓的文化不自信，即在文化的人我之别中，慕从于他，而鄙弃自我。近代以来，这种“文化不自信”，一直在中华民族的文化史上挥荡不去，时至今日，仍为思想文化领域的一种顽疾。一切向西看，以洋为美，以洋为尊，挟洋自重，动辄在西方思想文化中找依据、找标准、找答案，而对我们自己的文化视而不见，或不视不睹，这种文化不自信的现象，时下仍极普遍。与此同时，也还有一种文化现象，即对“非我”之类的拒斥，奉行文化的关门主义，自足自满自恋自娱自乐于自我的文化。这种现象，实非文化自信，而是文化上的虚骄和封闭，于文化发展亦极有害。文化自信，要能够理性地看到自己之所长，亦能够看到自己之所短；能够理性地看到人之所短，也敢于、善于识人之长、取人之长。在对待自我文化上，无视己长，或蔽己之短，在对待他者文化上，盲目迷拜，或简单拒斥，都是文化不自信的表现。

对于当代而言，我们讲的“文化自我”，是一个总体的概念，有其复杂构成。就其主干而言，既包括悠久醇厚、博大精深的优秀传统文化，也包括近代以来我们这个民族在存亡继绝中形成的可歌可泣、激越刚健的红色革命文化，包括近数十年来我们所积极推进建设的中国特色社会主义文化。我们所要确立和增进的文化自信，不是一种抽象的概念或观念，它具体地体现为我们对待中国文化主干内容的态度。从这个角度看，文化不自信的现象主要有四：其一，对我们这个民族的文化，不论是传统文化、革命文化还是文化的当下发展，一概缺乏肯定，缺乏自信，这是文化上的“民族虚无主义”。不少人便是基于这种虚无主义陷入对西方文化的盲目崇拜。其二，对中华民族历史上的文化创造成果缺乏尊重，看不到中华文化在历史上滋养本民族生存发展、推动人类文明丰富发展的客观事实，看不到优秀传统文化和革命文化的时代价值与现实意义，这是文化上的“历史虚无主义”。一个数典忘祖的民族，不可能是一个充满文化自信的民族。其三，热情地对待中华传统文化，但将“传统”割而分之，崇“古”而鄙“近”，否定、排斥近代以来中国共产党领导下中华民族所形成的红色革命文化。这或可谓文化上的“革命虚无主义”。其四，对当代中国的文化发展、中国特色社会主义的文化发展信心不足，认为中华人民共和国成立以来中国文化发展没有可圈可点的成绩，“乏善可陈”，对于沿着中国特色社会主义文化道路推进文化建设、创造中华文化的新辉煌缺乏信心。这种文化不自信，或可谓文化上的“现实虚无主义”。

产生如此之类的文化不自信的原因是多方面的，与近代以来中华民族的历史遭遇有关，与当前社会发展变革、社会思潮纷纭激荡的大背景有关，与中国特色社会主义建设包括文化建设还仍然处在艰辛开拓之路上也有关。

“一个抛弃了或者背叛了自己历史文化的民族，不仅不可能发展起来，而且很可能上演一场历史悲剧”①；一个对自己当下的实践及其文化成果游移不定的民族，最多也只能在百舸争流的时代大潮中徘徊。在文化自信的内容结构中，基于优秀传统而生成的自信具有基础性，基于当下创造而得以强化的自信亦具核心意义。习近平总书记所强调的文化自信，是中国特色社会主义的文化自信。这种文化自信，指向于中国特色社会主义的历史文化渊源，也指向于当今中国特色社会主义的文化方面、指向于作为当代中国文化主体内容的中国特色社会主义文化。这就要求我们，围绕文化自信而开展的教育，要古今并重，把挖掘历史与把握当代有机地结合起来，在加强中华优秀传统文化教育的同时，加强革命文化、社会主义先进文化的教育。在中国共产党和中国人民伟大斗争中孕育的革命文化和社会主义先进文化，与中华优秀传统文化一脉相承，是中华文化长河奔腾向前中的不同区段。在教育过程中，要深入挖掘近代以来中华民族面对苦难奋起抗争的史实，展现中华民族气壮山河的斗争以及其中炼就的可歌可泣的精神史诗，讲清楚这一抗争与奋斗的历程及其制度与精

---

①《习近平谈治国理政》第二卷，外文出版社 2017 年版，第 339 页。

神成果等在中华文化史上的地位、对于中华文化从困境中走向新生的意义，回应各种形式的历史虚无主义的挑战；要加强对当代中国文化体制改革和文化创新发展进程、成就的总结和教育，引导人们理性认识当代中国的文化国情，认识自己肩负的文化责任，增进创新创造的担当精神与担当能力。

二、“四个自信”的整体性

中国特色社会主义的道路自信、理论自信、制度自信与文化自信之间，具有紧密的内在关联。道路、理论、制度与文化，是我们认识中国特色社会主义事业的不同角度、不同方面，它们统一于中国特色社会主义伟大实践，内在地交融为一体。关于中国特色社会主义道路、理论、制度的关系，习近平总书记曾经指出：“中国特色社会主义是由道路、理论体系、制度三位一体构成的”，“中国特色社会主义是实践、理论、制度紧密结合的，既把成功的实践上升为理论，又以正确的理论指导新的实践，还把实践中已见成效的方针政策及时上升为党和国家的制度。所以，中国特色社会主义特就特在其道路、理论体系、制度上，特就特在其实现途径、行动指南、根本保障的内在联系上，特就特在这三者统一于中国特色社会主义伟大实践上”①。中国特色社会主义文化，则既是中国特色社会主义事业的重要内容，也是中国特色社会主义建设的重要条件，同样与道路、理论、制度统一于中国特色社会主义伟大实践。无论道路、理论，还是制度、文化，对其中任何一个方面的理解，都只有置于中国特色社会主义实践的整体之中，都只有在道路、理论、制度、文化的紧密关联之中，才可能

①《习近平谈治国理政》，外文出版社 2014 年版，第 8、9 页。

更深刻、更透彻。“四个自信”的建设，从不同角度切入，但指向于一个共同的目标，即增进全社会对当下的中华民族所推进的中国特色社会主义建设的认同和自信。“四个自信”的建设所要实现的，即汇聚推动当代中国发展进步的精神上的定力、韧性和激情，汇聚推进民族复兴宏伟进程的强大精神能量，为中华民族在历史新起点上的新长征、新跋涉、具有许多新特点的伟大历史斗争提供基本的思想共识、明确的价值引领、不竭的精神动能。共同的实践根据、共同的目标指向，将“四个自信”紧紧地熔铸在一起，要求我们整体地而非割裂式地予以理解和把握。

道路自信、理论自信、制度自信、文化自信之间又存在一定的区别。概括而言，道路自信、理论自信、制度自信均属于政治自信的范畴。政治自信与文化自信之间相互影响、相互作用，如同文化认同对于政治认同具有基础性一样，文化自信对于政治自信而言，也具有基础性，是政治认同生成、强化的重要条件。正是在这一意义上，习近平总书记强调文化自信是更基础的自信。“四个自信”之间的这种内在结构，启示我们要加强文化自信的教育，充分运用好文化的资源、发挥好文化的力量，为增进青年一代的道路自信、理论自信、制度自信夯实文化自信的基础。但同时我们还要看到的是，政治自信与文化自信的生成与增进，各有其特点和规律；文化自信对于政治自信具有基础性，但政治自信不可能在此基础上自发生成，如同不经艰辛建构，再坚实的地基上也不可能自己长出高楼大厦一样。这也要求我们，在加强文化自信教育，为道路、理论、制度自信打牢文化认同与自信基础的同时，还要不断提升道路、理论与制度自信教育的实效性，在道路自信、理论自信、制度自信与文化自信教育的有机统一中，共同增进青年一代的中国特色社会主义自信。

文化自信的维度

在不同思想文化猛烈激荡、文化软实力竞争日趋激烈的当今世界，增进文化自信，实已成为各国普遍关注的一个时代性课题。没有哪一种文化体系，在缺乏强大自信的状态下能够真正挺立于人类文明的潮头；没有哪一个民族和国家，不将文化自信的培育激发置于提升文化力量、赢得文化优势的重要位置。对于中华民族而言，同样如此。深刻认识文化自信的建设在民族复兴进程中的深远意义，确立全面而理性的文化自信观，有效推动文化自信的不断增进，是社会主义文化强国建设中的一项战略重任。

一、文化自信是我们文化主体性的重要体现

我们所要增进的文化自信，是中华民族对于自我文化理想、价值、活力与前景的确信。高度的文化自信，内含着我们这个民族对于自己文化理想的信仰与坚守、对于自己文化价值的肯定与认同、对于推

进自己文化创新发展的坚韧与执着，是中华民族文化主体性的重要体现，是我们在文化竞争的时代风云中立稳脚跟的重要前提，是我们创造中华文化新辉煌、有新贡献于人类文明必有的底气和勇气。

不断增进文化自信，我们才能理性对待文化的古今中外。当下的中华民族正站在复杂的时空交汇点上，如何处置好文化领域古今中外的关系，仍是我们绕不过去的重大课题。这一课题，近代以来便一直横亘在中华民族的面前，反复拷问、检验着中华民族的文化自信。在西来狂飙的冲击下，在国运的消沉困厄中，曾经长期饮誉风流的中华文化遭遇无情诘问，曾经的“文化丽人”在不少人眼中沦为“叫化的婆子”①；迷于西潮、疑于传统、惑于前路，一度成为国人中广泛存在的文化心态。在民族独立、人民解放、国家富强的顽强探求中，在改革开放以来国家实力和国际影响力的历史性提升中，中华民族一步步重建并提升着自己的文化自信。但须看到的是，在西强我弱的世界文化格局依然存在、经济全球化和社会信息化风潮席卷、文化日益成为国力竞争前锋地带的当今时代，如何处理好文化中古今中外关系的问题，不仅没有消失，反而带着一系列新的特点更加显著地呈现在我们面前。如何准确把握时代、从容直面世界、理性审视人我？如何在立足当代、直面世界的同时走向未来，成就中华文化的古韵新风？要有力回答这些时代性课题，我们必须不断增进文化自信，把准科学对待文化中古今中外关系的坐标原点。

不断增进文化自信，我们才能真正写好民族复兴的宏伟新篇。文化自信的建设，实即精神力量的涵养，直接关系到一个国家和民族精神家园的安放、精神共识的凝聚、精神支柱的构筑和精神能量的激发，与国运民魂紧紧地联系在一起。孟子曾言：“上无道揆也，下无

① 方志敏:《可爱的中国》，载《方志敏全集》，人民出版社 2012 年版，第 130 页。

法守也，朝不信道，工不信度，君子犯义，小人犯刑，国之所存者幸也。”① 任何一个朝气蓬勃向前向上的国家和民族，都一定会有自己明确的价值引领、不可撼动的精神磐石。中华民族之所以能够不可逆转地结束近代以来内忧外患、积贫积弱的悲惨命运，不可逆转地开启走向伟大复兴的历史进军，与对先进文化价值和理想的矢志追求密不可分。近年来，我们积极培育和践行社会主义核心价值观，积极弘扬民族精神和时代精神，激发并凝汇了推动当代中国发展进步、阔步向前的磅礴伟力。但同样须看到的是，与复杂多变的国际国内环境、社会发展阶段性特征等相应，在思想文化领域，迷眼向洋者有之，信而好古者有之，自我鄙弃者有之；左摇右摆者有之，耽于鬼神者有之，盲目自大者有之，不知所从者亦有之；一些低俗、媚俗、庸俗的文化现象仍然混迹于世，惑扰人心；一些不良的精神状态、思想观念、文化心理、价值取向，浸渗到人们的生产生活之中，缠裹着社会发展的步履。文运同国运相牵，文脉同国脉相连。续写好民族复兴的新篇章，必须提振全民族的文化自信，进一步明晰当代中国的文化核心，增进文化认同，激发文化活力，厚植中华民族开创美好未来的文化优势。

二、文化自信的关键性构成维度

文化自信作为一种在文化问题上的积极精神状态，有其关键性的构成维度。文化精神的自信、文化能力的自信、文化道路的自信，是其中的重要方面。这三个方面的自信，分别指向文化的内容体系、创造主体、发展路径，也提示着我们推进文化自信建设的基本着力点。

我们所要增进的文化精神自信，是对中华文化精神的信仰。文

①《孟子·离娄章句上》。

化精神，即一种文化体系所蕴含的基本的、起主导性作用的思想内容，它具体展现为文化的理想追求、价值体系等，是一个民族精神家园“庙里的神”①。在漫漫历史进程中，中华民族开辟莽榛、创化文明，也晶结形成了自己的价值体系和文化理想。自强不息、厚德载物、天下为公、义以为责、实事求是、革故鼎新、己所不欲勿施于人、天下兴亡匹夫有责，讲仁爱、重民本、守诚信、崇正义、尚和合、求大同等，都是中华文化理想和价值体系的鲜明标识，已经成为中华民族的精神基因。中华文化之所以绵延不绝，离不开贯注于其中的这些优秀文化精神的牵引和筋脉牵连；我们今天之所以仍然应当礼敬、珍视民族的传统，就是因为其中内含着仍然鲜活于当今时代的优秀文化精神。近代以来，中华民族在抗击外侮、救亡图存的拼搏中所形成的革命文化，在社会主义建设的推进中所发扬的时代精神等，都与这些优秀的中华文化精神筋脉相承。中国特色社会主义文化之所以说是从五千多年的中华文明中走出来的，最根本的原因就在于中国特色社会主义文化以新的文化形态承载着中华民族的文化理想、传承着中华文化的精神基因。作为当代中国文化精神集中体现的社会主义核心价值观，同样是中华民族优秀文化精神的时代性转化和升华。增进文化精神的自信，就是要增进当今时代的中华民族对优秀中华文化精神及其在当今时代崭新体现的社会主义核心价值观的信仰。

我们所要增进的文化能力自信，是对中华民族有能力推进文化创新发展的信念。文化是人的创造；文化自信，归根到底，是对作为文化创造主体的人的自信，对文化创造主体创造新文化能力的自信。没有这种自信，一个民族就不可能有推动文化创新发展的自我效能感、自觉担当与主动作为。中华民族文化创造能力之强，已然明证于

---

①［德］黑格尔著，杨一之译:《逻辑学》，商务印书馆 1966 年版，第 2 页。

史。没有强大的创造能力，现今的我们便不可能拥有辉煌于史、溢彩于今、无与伦比的优秀文化遗产。提振我们的文化能力自信，尤需更加客观全面地认识中华民族在当代的文化新创造以及面向未来再创文化辉煌的能力，使我们的文化自信，既“长于谈古”，也不“怯于论今”。在庆祝建党95周年大会上，习近平总书记指出：“中国共产党领导中国人民取得的伟大胜利，使具有5000多年文明历史的中华民族全面迈向现代化，让中华文明在现代化进程中焕发出新的蓬勃生机；使具有500年历史的社会主义主张在世界上人口最多的国家成功开辟出具有高度现实性和可行性的正确道路，让科学社会主义在21世纪焕发出新的蓬勃生机；使具有60多年历史的新中国建设取得举世瞩目的成就，中国这个世界上最大的发展中国家在短短30多年里摆脱贫困并跃升为世界第二大经济体，彻底摆脱被开除球籍的危险，创造了人类社会发展史上惊天动地的发展奇迹，使中华民族焕发出新的蓬勃生机。”① 这一论述，高度精练地展现了近代以来中华民族改天换地的新创造、中华文明的创新发展及其世界意义。增进文化能力的自信，就是要增进当今时代的中华民族在充分吸收借鉴各类优秀文化资源的基础上续写出更加瑰丽的文化新篇的信念，努力为人类对更好社会制度的探索提供中国方案，为人类文明的更加多姿多彩做出中国贡献。

我们所要增进的文化道路自信，是对中国特色社会主义文化发展道路的信心。中国特色社会主义道路是1840年以来特别是甲午战争以来，中国人民对其他救国途径的尝试全部碰壁之后做出的历史性选择，是中国共产党和人民历尽千辛万苦、付出巨大代价取得的根本成就。这是一条中华民族“自己的路”。正是沿着这条道路，中华

① 习近平：《在庆祝中国共产党成立95周年大会上的讲话》，人民出版社2016年版，第4页。

民族才一步步接近复兴的梦想，赢得世界对中华文明新的瞩目。在具体的文化建设领域，我们也走出了一条中国特色社会主义文化发展之路。坚持社会主义先进文化前进方向，坚持以马克思主义为指导、以人民为中心、以优秀传统文化为滋养、以创新为动力、以开放为取向、以人才为根本，坚持“二为”方向、“双百”方针，坚持内容建设与体制改革并重，坚持把社会效益放在首位、社会效益和经济效益相统一，等等，构成中国特色社会主义文化发展道路的基本内涵。这条文化发展之路，与作为其整体的中国特色社会主义道路一样，具有深厚的历史渊源和广泛的现实基础，建立在对国内外历史经验教训高度总结、对当今时代文化发展规律与态势深刻研判、对当代中国文化国情准确把握的基础之上，是中国共产党人和中华民族的文化自觉在建设实践中的具体展现。增进文化道路的自信，就是要增进当今时代的中华民族“走自己的路”的信心与定力，扎实迈好我们发展中的每一步，建设彰显中华民族智慧、气度和神韵的社会主义文化强国。

三、文化自信提振的着力点

有效增进文化自信，需要我们深入研究文化自信生成发展的规律，以文化自信的诸关键维度为着力点，不断提升人们对中华文化精神的信仰、对推进中华文化创新发展的信念、对中国特色社会主义文化发展道路的认同和确信。与此同时，在提振文化自信的过程中，我们还需要坚持“四个自信”建设的内在统一，努力夯实文化自信的现实基础，努力繁荣优秀文化作品并以之滋养文化自信的普遍增进。

坚持“四个自信”建设的内在统一。中国特色社会主义道路自信、理论自信、制度自信、文化自信是一个有机整体，其涵育和增进，需要整体推进。在中国文联十大、中国作协九大开幕式上，习近平总书记强调："实现中华民族伟大复兴，必须坚定中国特色社会主义道路自信、理论自信、制度自信、文化自信。"① 实现中华民族伟大复兴，是增进"四个自信"的总目标；中国特色社会主义，是"四个自信"的总定语；增进中国特色社会主义自信，是"四个自信"建设的总指向。"四个自信"中的每一个自信，都只有与民族复兴这一总目标、与中国特色社会主义这一总定语、与中国特色社会主义自信这一总指向联系起来，才能准确而具体地把握其内涵、实质与要义。"四个自信"紧密关联，整体共生，不可相互剥离。一方面，中国特色社会主义道路、理论、制度，有其历史的根源、文化的底蕴，道路、理论与制度自信的增进，需要有历史文化的深度解读、文化资源的浸润滋养；另一方面，中国特色社会主义道路、理论、制度的探索所形成的文化形态和思想成果，是当代中国文化发展最大增量和主体内容的重要构成，是文化自信所应指向的重要内容。增进中国特色社会主义自信，要充分认识道路、理论、制度、文化自信的内在关联，整体推进，发挥好其相互滋养、涵化的作用。

夯实文化自信的现实基础。文化自信需要道义的引领，也需要实力与发展的支撑。当今时代中华文化影响力的不断提升，与世人对中华文化真精神的重新发现有关，但更深层的原因，则在于当代中国的强劲崛起、国家实力的显著增强。进一步提振我们的文化自信，需要坚定不移地全面深化改革开放，以发展进步的实践和事实，夯实文化自信的现实根基。在文化领域，要坚持对内改革发展、对外形象塑造的统一，更加聚焦文化精神、文化能力、文化心态、文化形象等方面的建设，进一步弘扬培育社会主义核心价值观，弘扬民族精神和

① 习近平：《在中国文联十大、中国作协九大开幕式上的讲话》，人民出版社2016年版，第6页。

时代精神，强化先进文化对文化发展和社会发展的引领；进一步深化文化和教育体制改革，加大公共文化服务体系的建设力度与服务水平，着力提升全民族的文化素养和文化能力，激发和释放全民族的文化创造活力，推动文化创新创造与文化自信的相互涵养、相互砥砺；进一步创新群众性精神文明建设，革故鼎新，移风易俗，培育全社会理性平和、自信自强的文化心态；进一步提升中华文化国际传播能力，讲好中国故事，传播好中国声音，阐释好中国特色，向世界展现好当代中国的良好文化形象。

繁荣滋养文化自信的优秀作品。增进文化自信，需要用好实践的力量，同样也需要用好文化的力量。优秀的文化作品，是表达文化自信的载体，也是滋养文化自信的养料。创作优秀的文化作品，奉献优质的思想佳酿，是思想文化领域所有工作者的责任。习近平总书记指出："中国不乏生动的故事，关键要有讲好故事的能力；中国不乏史诗般的实践，关键要有创作史诗的雄心。"① 当代中国的文化人，要有担当文化创新、增益文化自信的自觉，在自己的学术研究、思想探索、文艺创作中，看得到、看得起、看得真中国的实践探索与文化创造，努力用彰显着中国人主体性与原创性、体现着中华文化气韵与风骨、传递着当代中国发展进步铿锵足音的优秀作品，生动展现"学术的中国""思想的中国""文艺的中国""发展进步的中国"，使当代中国改革开放的新实践、五彩缤纷的文化存在、生机勃勃的新文化探索，成为越来越多的人能够"意识到"的存在，引导人们在深度地理解自我、认识世界中不断增进文化自信，担当起自己所应担当的责任。

---

① 习近平：《在中国文联十大、中国作协九大开幕式上的讲话》，人民出版社 2016 年版，第 22 页。

贰

为何要提振文化自信

文化自信问题，在当下的中国再次凸显为重要的实践问题和学术课题，是历史、时代、现实多重因素综合促成的。强调涵养文化自信，是对叠陈于前、已发待萌的诸种问题与课题的积极回应。

在顽强抗争、拼搏、逐梦中站起来、强起来的中华民族，改变着自己的现实命运，也改变着自己的精神面貌、文化心理。

随着我们综合国力和国际影响力的迅速提升，当下国人的民族自信心自豪感也呈现出不断恢复、随之增强的走势。这是与民族振兴进程必然伴行的文化自信的自发恢复。强调文化自信的涵养，就是要引导这种文化自信的自发恢复，走向自觉成长。

提振我们的文化自信，在新的时代场景中展现有着悠久文明底蕴的中华民族的文化新创造新风采，赢得优势、展现魅力，时不我待。

涤除文化上的“不自信”

中华民族有着早醒的文化自觉，有着一种内在不可撼动的文化自信；中华文化在人类文明历史上也长期引领潮头。我们称自己为中国、中华、华夏，老祖宗给我们自己命名的时候，便有一种文化的骄傲、文化的自觉在里面。“中国者，礼义之国也”，“中国有礼义之大，故称夏，有服章之美，谓之华”。“中国”之称，有着极为丰富的文化内涵。中国古人也经常讲“夷夏之辨”，区分夷和夏最根本的标志和分水岭便是文化。如果一个民族退化了，它就不能被称为夏；如果一个原来被视为夷的民族在文化上发达起来了，它可能以夷变夏。所以“夷夏之辨”中间的分水岭主要还是文化。“盖以‘华’自诩，犹以‘夏’自称，犹以‘中’自勉。国于大地，必有与立。中也，华也，夏也，亦吾先民所啧啧自诩，斤斤自号，黾黾自勉，而为文化之胚胎者。”①中华民族的先人之所以用“中”“华”“夏”等这些词语来描述自己，表明了我们的先民在文化方面的一种早醒的自觉和内在的

① 陈登原:《中国文化史》上，商务印书馆 2014 年版，第 8 页。

骄傲。

长期以来，在历史的进程中我们引领人类文明的潮头，但是也应该看到，近代以来我们逐步落伍了。鸦片战争、甲午战争等使我们的民族接连遭受重创，中华民族陷入了悲惨境遇之中。在接连不断的重创面前，很多思想家、政治家、仁人志士都曾从不同的角度发出过哀叹。1895 年《马关条约》，台湾割让。次年，诗人丘逢甲写下了“春愁难遣强看山，往事惊心泪欲潸”的诗句。谭嗣同也在这一年写下“四万万人齐下泪，天涯何处是神州”。再如，黄花岗七十二烈士之一的罗仲霍的“忍见铜驼卧荆棘，神州遍地劫灰飞”、孙中山先生的“塞上秋风悲战马，神州落日泣哀鸿”。类似的诗句还有很多，折射的都是当时或者近代以来我们民族所陷入的那种悲惨的境地。

接连的重创也深深地影响着中华民族的文化心理，改变了很多中国人的文化心态。可以说，在近代以来一连串的重创中，我们民族的文化优势心理受到挑战、逐渐失落。

在接连的重创中，不少中国人“因惊生惧”“因惧生媚”，对西方的惧怕弥布在社会的许多方面，媚于西方、媚于外来的势力也成了一种比较普遍的文化心理。近代以来，很多报刊媒体上大量地描述、讨论当时中国人崇洋媚外的问题。文章非常多，漫画也非常多。

在接连的重创中，欧化、西化思潮也随之滋蔓鼓荡。如，1880 年，王韬《易言·跋》里有言：“若舍西法一途，天下无足与图治者。”还有的文章里面写道：“吾国之效法西洋文明，实为生存竞争上必不可免之事。”有人描述：“今之见晓识时之士，谋所以求中夏之道，莫不同声而出于一途曰：欧化也，欧化也。”胡适 1928 年撰文《请大家来照照镜子》，称：“我们必须承认我们自己百事不如人，不但物质上不如人，不但机械上不如人，并且政治、社会、道德都不如人。”陈序经

1937年在岭南大学做演讲，宣称“非彻底和全盘西化，不足以言自存”。

在接连的重创中，民族自信、文化自信问题，成为人们关注的大问题。近代以来我们的报纸杂志上纷纷都是讨论中华民族自信问题的文章。之所以这些文章反复出现，跟当时我们所处的那种历史场景和思想文化领域里的那种状况是联系在一起的，折射出了当时的中华民族文化上面临的严峻的挑战。

概括而言，民族命运的困厄消顿，使得自信心的丧落、缺乏，逐渐成为面积不小的、笼盖于中华民族文化心理的阴霾。在顽强抗争、拼搏、逐梦中站起来、强起来的中华民族，改变着自己的现实命运，也改变着自己的精神面貌、文化心理。然须看到的是，漫长历史浸染积淀而成的文化心理，其调适提升，绝非旦夕之功。文化心理的改变很复杂，不像建高楼，把某一个区域一下子推平了，用不了多长时间高楼便拔地而起；也不像经济建设，三十年、五十年就可以复苏。文化心理的改变、精神层面的改变需要一个漫长的过程。近代以来形成的这种文化上的不自信的心理，一直到现在，在我们社会各个方面都还有不少的表现。

毛泽东 1958 年在成都会议上就有一段话，批评一些人精神上的不自信。他说：“精神上受到压力。菩萨比人大好多倍，是为了吓人。戏台上的英雄豪杰一出来，与众不同。斯大林就是那样的人。中国人当奴隶当惯了，似乎还要继续当下去。中国艺术家画我和斯大林在一起的像，我总比斯大林矮一些，这就是盲目屈服于苏联的压力。”① 这是 20 世纪 50 年代。改革开放之初，邓小平也曾明确讲道：“我们提倡中国人和外国人发展正常交往，这对于加强我国和各国人民的了解和友谊是必要的，对于引进国外技术和资金也是必要的，今

---

①《毛泽东文集》第七卷，人民出版社 1999 年版，第 369 页。

后这种交往还会日益增多。但是由于对少数青少年的教育和管理不够，也出现了一些不健康的现象。一些青年男女盲目地羡慕资本主义国家，有些人在同外国人交往中甚至不顾自己的国格和人格。这种情况必须引起我们的认真注意。”①邓小平批评的现象折射出一些国人文化心理方面存在的问题。邓小平还强调：“中国人有自信心，自卑没有出路。过去自卑了一个多世纪，在中国共产党领导下站起来了。”②“像我们这样第三世界的发展中国家，没有民族自尊心，不珍惜自己民族的独立，国家是立不起来的。……如果中国不尊重自己，中国就站不住，国格没有了，关系太大了。中国任何一个领导人在这个问题上犯了错误都会垮台的，中国人民不会原谅的。这是我讲的真话。”③

1996 年全国宣传部长会议上，江泽民同志也曾尖锐地批评文化领域的一些现象。他说：“现在，宣扬腐朽、低级趣味、封建迷信的东西时有出现，一些有殖民文化色彩的东西也时有出现。有的饭店叫什么‘帝王酒家’，有的商店叫什么‘花花公子商店’，还有什么‘贵族学校’‘贵族医院’，等等。国外有个刊物就叫《花花公子》，内容很下流，有教养的人都不看，而我们有人竟然拿它当招牌。有的广告宣扬什么‘皇家气派’‘公爵品味’，有的商品刻意追求洋名称、洋招牌，为人家做义务宣传。有的出版物的名称、封面、内容低级庸俗，社会反应很不好。这些东西多了，在人们眼前晃来晃去，潜移默化，会把人们的思想观念引向哪里？”④在2000年召开的中央思想政治工作会议上，江泽民同志还讲道：“现在有的人对马克思主义科学真理

---

①《邓小平文选》第二卷，人民出版社 1994 年版，第 177 页。

②《邓小平文选》第三卷，人民出版社 1993 年版，第 326 页。

③《邓小平文选》第三卷，人民出版社 1993 年版，第 331 ～ 332 页。

④《江泽民文选》第一卷，人民出版社 2006 年版，第 505 ～ 506 页。

产生了某种疑惑，对社会主义经过长期发展最终必然战胜资本主义的信念产生了动摇，对建设有中国特色社会主义事业缺乏信心，思想空虚，精神萎靡；有的人沉湎于花天酒地或到封建迷信活动中去寻找精神寄托；有的人在各种诱惑面前随波逐流，极少数党员、干部由于背离正确的理想信念堕落为腐败分子。加强理想信念教育，就要针对这些问题来进行。”① 江泽民同志批评的这些现象背后是文化自信的失落、理想信念的失落。胡锦涛同志在 2010 年 7 月 23 日主持中央政治局第二十二次集体学习的时候也讲道：“要引导广大文化工作者和文化单位自觉践行社会主义核心价值体系，坚持社会主义先进文化前进方向，坚决抵制庸俗、低俗、媚俗之风。”② 庸俗、低俗、媚俗之风在我们日常生活里到现在应该说还有不少存在，也反映出文化自信方面存在的问题。

2015 年 12 月 11 日，习近平总书记在全国党校工作会议上的讲话中，也尖锐批评了文化上不自信的有关现象。他说：“有的人奉西方理论、西方话语为金科玉律，不知不觉成了西方资本主义意识形态的吹鼓手。”③ 他讲道：马克思主义就是我们共产党人的“真经”，“真经”没念好，总想着“西天取经”，就要贻误大事！类似的这些文化不自信现象的客观存在，不能不引起我们的格外关注与警醒。

总之，在看到我们民族精神、思想文化整体向上向前这个主流态势的时候，还要看到，漫长历史浸染积淀而成的文化心理，其调适提升，绝非旦夕之功。涤除不自信，增进自信力，无论在精英文化还是

---

①《江泽民文选》第三卷，人民出版社 2006 年版，第 89 页。

②《胡锦涛在中共中央政治局第二十二次集体学习时强调　顺应时代要求深化文化体制改革　推动社会主义文化大发展大繁荣》，《人民日报》2010 年 7 月 24 日。

③《习近平谈治国理政》第二卷，外文出版社 2017 年版，第 327 页。

在日常世俗文化层面，至今仍是一个现实的大课题。现在我们之所以特别强调文化自信，就是要切实涤除这些文化上的不自信。

引导文化自信由自然复苏走向自觉成长

国力国运的消长沉浮与一个国家的自信心有着密切关联。自信心是国力国运提升的精神牵引，向上的、强大的国力国运是自信心的硬支撑。中华人民共和国成立以来特别是改革开放以来，我们的社会迅速发展，经济实力不断强大，国际影响力不断提升。在我们腰杆挺直的同时，我们精神世界的独立性也在增强，民族自信心正在恢复和增进，这是当下我们面对的一个客观事实。在经济恢复、经济发展的过程中一个民族会恢复、增进其自信心，这是一般的规律。很多人研究概括了这个规律。美国的政治学家亨廷顿 1993 年出版的《文明的冲突与世界秩序的重建》一书中也曾阐述过这个问题。他讲道："西方以富有为特征和非西方以欠发达为特征的状况将不会持续到超出 20 世纪。这种转变的速度是势不可挡的。正如奇索・马赫布巴尼所指出的，英国和美国分别花了 58 年和 47 年的时间才使其人均产值翻了一番，而日本做到这一点用了 33 年时间，印度尼西亚用了 17 年，韩国用了 11 年，中国用了 10 年。20 世纪 80 年代和 90 年代上半叶，中国经济以年平均增长率 8% 的速度递增……根据大多数估计，中国经济将于 21 世纪早期成为世界上规模最大的经济。”① 他说：东亚的经济发展改变了亚洲和西方的力量对比，成功的经济发展给创造出和受益于这一发展的国家带来了自信和自我伸张，财富像权力一样也被看作是优点的证明及道德和文化优越性的显示，当东亚人在经济上获得更大成功时，他们便毫不犹豫地强调自己文化的独特性，鼓吹他们的价值观和生活方式优越于西方和其他社会。他还讲到有很多人注意到文化复兴正在席卷亚洲，包括自信心的增强，亚洲人在经济复苏的大背景下不再把西方和美国的一切看作是必然最好的。

亨廷顿讲的这种现象同样表现在我们中国。现在我们在很多问题上对自己独特性的强调，对中国方案、中国经验、中国道路、中国声音的强调，与中国发展的大背景是有关的，反映的是随着我们物质实力的提升、经济的发展，我们的民族自信心、文化自信心也随之有一个提升和恢复。这种恢复，可以称之为文化自信的自然复苏。自然复苏中的文化自信里，有一些问题，需要我们关注并积极引导。如，自然复苏中的文化自信呈现一个重要特点，更多地指向于我们的传统和古代。经济实力的增强使得当下的中华民族油然升起一种浓厚的怀古情怀。当代中国的新发展，与我们历史悠久的文化底蕴是有关系的，但仅从这个方面寻找当代中国新发展的根据则是不够的。又如，随着硬实力的提升，我们不少人一下子觉得腰杆挺直了，财大气粗。气粗之后有一些人便生虚骄之气，盲目地觉得可以闭目于世了，西方的那些东西都不在话下了，向其他国家、民族自觉地理性地学习优长的精神状态受到了一定的影响。强调文化自信的涵养，就是要引导这种文化自信的自发恢复，走向自觉成长。一方面，引导克服自

① [美] 塞缪尔·亨廷顿著，周琪等译：《文明的冲突与世界秩序的重建》，新华出版社 2010 年版，第 84 页。

发恢复的文化自信中非理性的成分，如一时的虚骄、自负的膨胀、片面的思古幽情等，使不断增长的文化自信始终是我们前行的正向推动和牵引；另一方面，更广泛地引导人们认识当代中国向前向上的大局和大势，认识增进文化自信之于文明重振、民族复兴的意义，促进国人民族自信、发展自信、文化自信的普遍性增进。

涵养直面当今时代文化竞争的精神底气

习近平总书记经常讲，我们思考文化问题要把它放到大历史中看，放到世界发展的大趋势中看。当今世界一个重要的特点便是文化日益成为国力角逐的关键内容和重要场域。世界很多国家都纷纷推出自己的文化战略。从文化中借力，在文化上发力，着力提升各自文化发展的战略优势，成为很多国家的战略选择。

我们现在面对的文化竞争之所以越来越激烈，原因是多方面的。有三个方面的背景尤其应当关注：冷战的结束、经济全球化的推进、互联网的迅猛发展。其一，20 世纪 90 年代冷战的结束，使得文化的地位、重要性更加鲜明地摆在了人们的面前。所谓“冷战”，可以说是以硬实力的对峙为表，以软实力的较量、思想文化的较量、价值观的较量为里的一种特殊的战争形态。冷战结束以后，原来作为对峙之“里”的文化较量、意识形态较量更加鲜明地凸显在了人们的面前。其二，经济全球化作为一个客观进程也在思想文化领域带来了一系列的现实效应。美国前总统老布什曾经讲过，在这个时代还没有哪一个国家能够在进口我们的产品的时候，把我们的思想拒于国门之外。所讲的就是经济活动和思想文化活动之间的内在关联。在经济全球化大潮涤荡世界的时候，一定会带来不同思想文化更加猛烈的相互激荡。其三，互联网的发展给文化发展带来了新的空间，也提出了一系列新的难题。在这些背景下，国际关系领域中的文化因素在凸显，国家发展进程中的文化问题在凸显，综合国力竞争中的文化力量在凸显。由于这三个“凸显”，世界上很多国家都纷纷推出自己的文化战略，要努力在新的文化竞争中立于不败之地。于是乎，当今时代，亦可谓进入了“文化战国”的时代。

再概略地举几例。如，英国。1990 年，英国政府着手推动起草国家文化发展战略，于 1992 年形成讨论稿，1993 年以《创造性的未来》为题正式发布。这一文本被称为英国第一次以官方文件形式发布的国家文化战略文本。1997 年布莱尔担任首相以后，设置英国文化、媒体和体育部，设立了创意产业的工作组，着意引领世界创意产业发展潮流。此后，英国发布了多个创意产业发展的纲领性文件。2001 年，其创意产业的产值就达到了 1000 多亿英镑，占英国当年 GDP 的 5%。2002 年，创意产业成为英国的第二大产业。2013 年，英国文化大臣玛丽亚·米勒（Maria Miller）在大英博物馆发表其上任后的第一次公开讲话，称“文化不仅仅有助于经济复苏，而且在其中发挥核心作用。英国文化可能是我们所拥有的最强大、最有竞争力的产品。我将在内阁中不懈努力，将文化置于经济发展的中心位置，实现更强的经济，更强的英国”。2013 年 5 月，英国上议院专门成立软实力和英国影响力特别委员会。

如，德国。2005 年，德国总理默克尔在就职演说中强调，德国文化和德国生命有关，是德国民众共存的基础。2004 年的时候，德国当时的总统克勒在就职演讲中提出要把德国建设成一个创意的国度。

从 2005 年开始，德国举办“365 个创意之地”的比赛，评选出 365 个在各个领域反映创新精神的创意之地。从 2006 年开始，每一天都把一个创意之地推荐给国内外的公众，努力让人们形成一种印象——德国是一个全天候、全方位的文化创意的国度。他们还着力推动文化创意产业发展，接连发布文化和创意产业的行动计划。2011 年，德国的外交部专门发布《全球化时代的文化关系和教育政策——赢得伙伴，传播价值，展现吸引力》。这个文本的副标题表达的便是德国政府心目中文化的交流、文化的对外传播的重要意义。赢得伙伴是经过文化的交流和沟通，朋友越来越多。怎么赢得伙伴？靠文化的交流、心灵的沟通、价值观念的传播。再就是“展现吸引力”，吸引力就是影响力，就是软实力。这个文本称：文化关系、政治关系和经济关系是德国对外政策的三大支柱。针对伙伴国国民的兴趣和需求制定的文化和教育项目不仅为稳定友好关系奠定了基础，也促进了世界各国对德国的信任；通过教育、交流和对话，建立起相互理解基础上的伙伴关系，这样可以直接接触更多的人并赢得他们对德国以及德国价值观和理念的赞同。

如，法国。法国人把文化摆在很高的位置。2013 年 7 月，法国总统奥朗德在讲话中强调：文化是一种激情、一种分享、一种吸引力，是法国的光芒，是推动法国进步的重要的产业。2012 年 3 月，法国推出《2020 年法国文化和传媒》，勾画 2012 至 2020 年法国文化政策的战略蓝图，力图“在全球化中体现法国文化”，“建立国际舞台上法国文化的统一战略基础”。2013 年 7 月，法国外交部部长洛朗 · 法比尤斯、文化部部长奥雷莉 · 菲莉佩蒂在法国《费加罗报》上联名撰文《21 世纪文化外交的未来》。文章称：“在法国，没有文化任何大事都是做不成的，法国的外交与对外行动离不开这一法则。法国之所以强大、受到尊重，是因为法国拥有自己的价值观，拥有文化遗产和创造力。文化是法国的王牌之一，是我们的财富，是我们未来的一部分”；“文化应该渗透到所有政府行动中，并助力于其他领域的公共政策。在经济外交中，文化影响力具有决定性优势；在我们的发展政策中，文化是民主转型和社会进步的支撑。因为文化提升我们的历史遗产、专业技术，促进创新与创造力。我们的文化政策是法国吸引力和影响力的支柱之一”。

如，俄罗斯。在极力谋求重振大国雄风的进程中，意识形态的重建、文化魅力的重建，是俄罗斯的重要目标。重建世界对俄罗斯思想文化的兴趣被俄罗斯视为形成新国家意识的前提，被认为是俄罗斯世界影响力的重要基础。2000 年以来，俄罗斯已经接连推出了多个文化发展战略。2007 年，他们又发布《文化和俄罗斯的未来：新的思考》政府报告。2005 年，俄罗斯专门成立对外地区和文化合作局，由总统办公厅直接领导，主要的目的是推进俄罗斯对外的文化交流和文化合作，努力地恢复巩固扩大俄罗斯文化的影响力。2010 年，俄罗斯又批准了《俄罗斯联邦国际人文领域合作的基本方针》，对国际范围内的文化合作目标、优先任务、实施办法都给出了明确的规定。同时为重建俄语的地位，推广俄语，建立俄语年、俄语世界基金会等，还开展了很多其他活动。

如，日本。1990 年，日本成立了文化厅长官咨询机构“文化政策促进会议”。1995 年，他们提出《新的文化立国目标——当前振兴文化的重点和对策》报告，提出“文化立国”战略构想。1996 年 7 月，他们正式公布《21 世纪文化立国方案》，成为日本文化立国战略确立的一个标志。此后他们又推出了一系列的战略文本，推进文化强国的建设。2009 年，日本发布《日本品牌战略：让软实力成为经济增长动力》，把文化、文化产业、文化吸引力和经济的发展联系起来。他们着力展现传统文化、流行文化的魅力，2007 年提出在海外增设

100 个日语学习中心，2008 年启动“卡通文化大使”项目和“日本流行文化潮流使者”活动等以推进“流行文化外交”,2009 年起实施“日本文化志愿者计划”，以从人际交流层面传播日本文化。2013 年起加大“魅力日本战略”推进力度，希望借此“重拾日本人的骄傲和自信”。

如，韩国。韩国在 1986 年的经济发展五年计划中便提出“文化的发展与国家的发展同步化”。1990 年，韩国发布《文化发展十年规划》，提出文化要面向全体国民。1993 年，韩国出台“文化繁荣五年计划”，将文化产业发展作为重要目标。1998 年，正式把文化立国作为国家战略，推出了一系列的战略文本，振兴文化产业。2000 年成立了韩国文化产业振兴委员会，2001 年成立了文化产业振兴院，2004 年又颁布《创意韩国》战略文本，2005 年发布《文化强国 C-KOREA 2010 发展战略》。2007 年初，韩国也提出来五年之内要在全球增建 100 个世宗学院。2010 年又提出要“建设强大的文化国家，更有品位的大韩民国”。2013 年，朴槿惠就任总统的时候发表演讲，提出“经济复兴、国民幸福、文化繁荣”的政府工作准则。她强调要利用文化的价值治愈社会矛盾，缓解不同阶层、不同时代的人们之间的文化差异，用文化来打造更加幸福的国家；表示为此将会为不同形式的文化创作活动提供支援，让文化更好地与尖端技术相结合，推动创意产业的发展，以此创造更多就业机会。

如，美国。每一届美国政府都会发布《国家安全战略报告》，每一份《国家安全战略报告》几乎无一例外都要提到文化问题。《国家安全战略报告 2006》将其文化和价值观确立为国家安全战略的两大支柱之一。《国家安全战略报告 2010》，将实现“道德上的领导地位”与军事实力、经济竞争力方面的领导作用一并纳入“重振美国和领导世界”的战略。文中界定涉及美国国家安全的“四大持久的国家利益”是：第一，美国及其国民、美国的盟国及伙伴国的安全，特别是防范核恐怖袭击的能力；第二，持续创新、不断成长的美国经济；第三，在美国国内及全球对“普世价值”的尊重；第四，由美国推进的国际秩序。他们所鼓吹的“普世价值”，即美国的价值观。这些年来美国的文化产业增加值都要占到美国 GDP 的四分之一以上。全世界 60% 以上的广播电视节目生产制作都由美国控制；它的电影产量只占全球的 6% 到 7%，但是电影放映时间却占全世界电影放映总时间的 50% 以上，可以想象其文化方面的用心和影响力。在文化领域里面他们还有很多的做法，如，设置贸易壁垒、加大版权保护；他们的大片，将世界各地的文化资源都拿来用，与美国的价值观融合后，推向全球各地。熊猫是中国的，功夫也是中国的，但是《功夫熊猫》成了美国的。用中国元素，赚中国人的钱——元素来自全球，市场面向全球。2006 年美国启动全球文化行动计划，由国务院牵头，协调很多机构，推广美国文化。2010 年美国出台《美国战略传播构架》，着力在全球范围内增进美国的美誉度。

这里的介绍只是概要性的，主要目的是展示我们所处的文化热战的世界图景。在这样的时代背景下，一个国家不注重文化的发展，不注重文化自信和文化力量的提升，不注重向文化制高点进军，就会在激烈的综合国力竞争、激烈的文化竞争中落伍。正如习近平总书记所强调的那样：一个没有精神力量支撑的民族难以自强自立，一项没有文化支撑的事业难以持续长久；没有文明的继承和发展，没有文化的弘扬和繁荣，就没有中国梦的实现；没有中华文化繁荣兴盛，就没有中华民族伟大复兴。我们要实现文化的繁荣兴盛，前提条件之一即必须坚定增进、提振我们的文化自信。在文化热战愈演愈烈的世界图景中，我们的文化实力在不断增强，但客观而言，我们的竞争力还不够强，话语权还不大，文化的魅力还亟待增进。提振我们的文化自信，在新的时代场景中展现有着悠久文明底蕴的中华民族的文化新创造新风采，赢得优势、展现魅力，时不我待。

叁

文化自信中的今与古

对于曾经绘就人类文明华彩篇章而又致力于创造复兴新辉煌的中华民族而言，我们所应有的文化自信，指向于历史，也指向于现实。但建设立基于现实的文化自信，在多种指向的文化自信中更具核心意义。唯有这种文化自信的不断增进，才能真正接续文化的历史荣光，推动文化的面向未来、向上向前。

从中国特色社会主义建设的大格局中，我们应当看到其中所体现的文化力量、所具有的文化意义，读出当有的文化自信。当代中国发展进步的创造性实践，是支撑当代中国人文化自信最深刻的“大本大源”。

立足当下继往开来、立足中国直面世界的中国特色社会主义文化自信，是当今时代的中华民族所应有的向新而行的文化自信。

文化自信当承于古而强于今

文化自信作为一个民族对待本民族文化及其发展的精神状态，既体现在其对待本民族历史文化的态度上，也体现在其对待本民族文化当下发展、未来前景的态度上。对于曾经绘就人类文明华彩篇章而又致力于创造复兴新辉煌的中华民族而言，我们所应有的文化自信，指向于历史，也指向于现实。

指向于历史，即珍视我们所拥有的优秀传统文化及其对人类文明的独特贡献，科学开掘其中穿越时空的精华因素并推动其创造性转化以助益于当下。指向于现实，即充分肯认中华民族当今时代的文化新创造，确信中国特色社会主义文化对于实现民族复兴梦想、有新贡献于人类文明的积极意义，确信我们的民族定能创造文化的新辉煌。这两种指向的文化自信，缺一不可。一个对自己数千年历史和文明成就不知珍爱的民族，不可能从容把握今天、开创未来；一个对自己当下的实践及其文明成果游移不定的民族，最多也只能在万舸争流的时代大潮中徘徊。增进我们的文化自信，既需要戒除文化的历史虚无主义，自豪地对待我们的优秀传统，也需要戒除文化的“现实虚无主义”，礼赞并全力推进新的文化创造。在人类文化的长河中，唯有当下的创新创造，才能担当继往开来的重任，才能以不断的新流成就文化长河的永不枯竭、滔滔向前。与此相应，建设立基于现实的文化自信，在多种指向的文化自信中更具核心意义。唯有这种文化自信的不断增进，才能真正接续文化的历史荣光，推动文化的面向未来、向上向前。近些年来，随着人们对文化发展规律认识的不断深化及对中华文化发展曲折历程的理性省思，随着党和国家对弘扬优秀传统文化的着力倡导，对于中华优秀传统文化的尊重与自信已然在全社会渐成自觉。如何树牢指向于现实的文化自信，则是我们文化自信建设中应当高度关注的大课题。

从总体上看，自信心的不断增进，是当今时代中华民族精神风貌的显著特点。经济的崛起、科技的进步、国际影响力的增强，等等，正赢得世界越来越多的关注，增添国人越来越多的自信。然而一提到当代中国的文化，不少人似乎缺少了底气、不那么自信了。的确，与硬实力的迅速提升相比，与历史上中华文化在世界文化格局中所曾达及的高度、产生的影响相比，当代中国文化的建设仍然任重道远。但是，我们在看到这种紧迫性的同时，还应看到经济、政治、文化等之间的深层交融，看到硬实力提升的软实力推动、软实力效应。文化作为精神成果，来自于实践，反作用于实践。这里的实践，不仅仅是文化建设的实践，经济建设、政治建设的实践等都是文化创造的具体进程，也都是已有的文化成果、文化条件发挥作用的具体进程。当代中国发展进步的实践进程，离不开看似无形但却真切存在的文化力量的支撑和推动，也为文化的新发展奠定了物质基础、累积着精神能量，其本身也便内含着新文化的孕化生成。抽去文化的因素，无法全面讲清“中国奇迹”何以成为事实；离开当代中国发展进步的整体进程，也无法透彻把握当代中国文化发展的客观现实。换言之，从中国特色社会主义建设的大格局中，我们应当看到其中所体现的文化力量、所具有的文化意义，读出当有的文化自信。当代中国发展进步的创造性实践，是支撑当代中国人文化自信最深刻的“大本大源”。

当代中国的创造性实践，是中国特色社会主义实践；当代中国的文化自信，本质即对社会主义先进文化的自信。增进这种文化自信，我们不仅要细看中国特色社会主义建设的大格局，还要细看近代以来中华文化的历史变革，看当前中国特色社会主义文化建设的现实进程，看当代中国不断增进着的、指向未来的文化创新创造能力。中华文化曾在世界文化史上尽领风流，但近代以来也曾在旧制度中根芽渐萎，在西潮冲击下花果飘零。扭转这一困局，实现中华文化浴火重生的，是中国共产党领导的人民大革命和以马克思主义为主导的新文化。正如毛泽东所指出的那样：“自从中国人学会了马克思列宁主义以后，中国人在精神上就由被动转入主动。从这时起，近代世界历史上那种看不起中国人，看不起中国文化的时代应当完结了。伟大的胜利的中国人民解放战争和人民大革命，已经复兴了并正在复兴着伟大的中国人民的文化。”① 这种复兴，是中华文化朝着民族的科学的大众的社会主义文化方向的历史性变革和新生。

从当下进程来看，不断增强的文化自觉，已越来越成为中国特色社会主义文化建设中的鲜明特征。这种文化自觉，包括理论的自觉、道路的自觉，也包括价值的自觉。理论自觉体现在，中国共产党对文化意义与价值的认识日趋深化，提出了一系列关于文化发展的新思想新论断新部署，进一步回答了什么是社会主义先进文化、如何建设社会主义先进文化这一基本问题，确立了当代中国文化发展的理论

---

①《毛泽东选集》第四卷，人民出版社 1991 年版，第 1516 页。

指南。道路自觉体现在，基于社会主义文化建设的艰辛历史探索，我们走出了一条中国特色社会主义文化发展道路。这条道路以建设面向现代化、面向世界、面向未来的，民族的科学的大众的社会主义文化为指向，以“二为”“双百”等为方针原则，以增强全民族的文化创造活力为中心环节，将对文化发展目的性规律性的遵循与对人民群众文化创造主体性等的尊重等有机融为一体，清晰勾勒了实现文化强国奋斗目标的基本线路。价值自觉体现在社会主义核心价值观的明确提出及坚定践行。文化自信自觉之核在价值观的自信自觉。鲜亮展示并坚定地弘扬践行社会主义核心价值观，本身便是价值观自信自觉的体现。社会主义核心价值观之所以能够赢得人们的自信，在于其既立于当今时代人类社会的价值制高点，又紧紧切合当代中国发展进步的现实要求，既以开放包容的胸怀吸纳人类文明的优秀成果，又充分体现了中华民族的优秀精神基因。社会主义核心价值观的提出及弘扬践行，展现了我们所应有的文化精神，确立了文化繁荣发展的主旋律。不断增进的文化自觉，是文化兴盛的前提，也是文化自信的底气。

中国特色社会主义文化建设的实践成效，在文化事业的发展、文化产业的壮大、公共文化服务体系的构建以及文化市场体系的日趋完善等方面，都有着鲜活而具体的体现，一系列人们津津乐道的数据也都记述着我们文化实力和竞争力不断增强的步伐，吸引着世人的关注和评说。但是，较之各种各样的具体数据，更有生命力、更富深远意义的，则是谁也无可否认的当代中国文化意识的普遍性觉醒与中华民族整体文化素质和文化能力的历史性提升。这种意识、素质和能力，是中华民族实现文化复兴最为根本的主体依据。从历史前行的这一基础和态势中，我们同样可以汲取应有的文化信心。概言之，承于古而强于今，当是我们现今时代文化自信的总特点；秉持承于古而强于今的文化自信，中华民族定能开创文化的崭新辉煌。

将文化自信的基点立在当下

当代的中国，正为文化强国的理想所激励而奋力前行。愈益兴起的文化建设高潮，既需要强大文化自信的支撑，同时也涵育、历练着人们的文化自信。当文化自信越来越成为人们关注的热点话题，当优秀的文化传统在当下的中国越来越受到人们的珍视，当中华文化“走出去”的步伐越来越坚定有力，当世人基于对中国经济崛起的惊叹而越来越注目于中国文化的魅力……我们真切地感受着的，正是文化自信在当代中国的日益增长。

作为一个国家、一个民族对自我文化的确信，文化自信既是一种文化传承创新的精神基石，也是一种文化从容应对不同文化间交流交融交锋的价值底气，是一种文化维护自身安全、彰扬自身特性的第一道思想屏障。因此，文化自信在当代中国的日趋增强，正为社会主义文化强国的建设创造着不可或缺的心理准备和思想条件。

然而，在充分认识增强文化自信的深远意义之时，我们还应当思考的是：在当代中国，我们到底需要怎样的文化自信？文化自信的基点到底应当确立在哪里？

的确，对优秀传统文化的自信是文化自信的重要内容。任何文化的发展，都是基于历史的前行。“人们自己创造自己的历史，但是他们并不是随心所欲地创造，并不是在他们自己选定的条件下创造，而是在直接碰到的、既定的、从过去承继下来的条件下创造。”① 传统既是孕育新生事物的母体，也往往是人们借以“演出世界历史的新场面”的重要资源。而对本民族优秀传统文化持以高度的自信，则是优秀传统文化得以承扬的认识前提，是新的文化建设能够奠立于文化发展已有历史高度之上的思想基础。中华民族在数千年的文明进程中创造、积淀了独具特色、一领风流的优秀传统文化，但于近代以来复杂的历史境遇中，也曾在不小的范围内出现过虚化历史、讳谈传统等误区，甚或视传统为历史的包袱、前进的阻滞，将对传统的离弃奉为文化开新的门径。文化发展的进程也因之而留下了不少省人深思的经验教训。就此而言，当下人们对优秀传统文化自信心的重新确立，应当说是对文化规律的深层体悟，是文化自觉的重要体现。

然而，我们同时应当看到的是，文化自信虽以对优秀传统文化的自信为重要内容，但其基点却应牢牢地立在当下。在《新民主主义论》中，毛泽东强调“尊重自己的历史，决不能割断历史”，强调“清理古代文化的发展过程，剔除其封建性的糟粕，吸收其民主性的精华，是发展民族新文化提高民族自信心的必要条件”，但也特别指出，“这种尊重，是给历史以一定的科学的地位，是尊重历史的辩证法的发展，而不是颂古非今”，“对于人民群众和青年学生，主要地不是要引导他们向后看，而是要引导他们向前看”。② 在这里，毛泽东明确提出了如何处理文化自信以及文化发展中古与今、传统与当下的关系问题。

①《马克思恩格斯选集》第 1 卷，人民出版社 2012 年版，第 669 页。

②《毛泽东选集》第二卷，人民出版社 1991 年版，第 707 ～ 708 页。

其核心思想，便是文化的发展要尊重历史，更要立足当下。

将文化自信的基点立于当下，是文化创新发展的内在要求，也与增强文化自信的目的指向一致。增强文化自信，并非为了文化上的自我情感满足，而是为了更好地凝聚助益当下文化发展的精神力量，更加从容理性地承古开今，汲外养内，推动新的文化创造，成就新的文化业绩。在文化的发展中，只有现实的、生动的当下实践，才是唯一的活水源头，才是历史与未来、本土与外来的交汇点——优秀传统通过当下的转化而得以新生，美好未来通过当下的实践而得以奠基；外来影响通过当下的吞吐而得以消化择用，本土特性通过当下的创造而得以弘扬提升。与此相应，只有立于当下的文化自信，才是核心性的文化自信，文化自信的其他一切方面、一切形式都以这种核心性文化自信的确立而具有积极性的意义。如果缺乏立于当下的文化自信，对优秀传统文化的自信将会流为思古之幽情，成为无力应对现实外来文化冲击而只能暂避一时的"精神慰藉所"；创造未来新文化的自信与活力也将会因为缺乏当下的根基而无以真正挺立和激活。古往今来，大凡处于文化强盛时期、立于文化发展制高点上的民族和国家，都无不表现出对当时文化及其发展的高度自信。

客观而言，当前我们不断增强着的文化自信中，"以当下为基点"的自觉还未普遍形成。对其诸多具体表现，人们也已时有察论。如，"现在讲中国传统文化，一些人只讲孔孟，或者大多讲到两汉唐宋明清文化，而对近现代历史文化、对红色革命文化，却视而不见或少有提及"①；学术研究中，一些人"对本土思想资源的强调，往往只是对于中国古代思想资源的'回忆'……强调古代观念的超前性和对于现实问题的针对性，……认为中国古代的思想潜在地蕴涵着解决现

① 启瑄：《提升文化自觉　增强文化自信　实现文化自强——学习党的十七届六中全会〈决定〉几点体会》，《红旗文稿》2012 年第 5 期。

实问题的真理性判断”，而回避“中国当下的经验和对这种经验的创造性思考”①，等等。正因如此，在推动社会主义文化强国建设的进程中，如何不断推动以当下为基点的文化自信的普遍增强，便成为我们应当深入研究的重大课题。

增强以当下为基点的文化自信，就是要形成和强化人们对当代中国文化成就、文化创新创造能力与文化发展前景的自信。迎着中华人民共和国成立的曙光，毛泽东曾经深情而又豪迈地宣告：“近代世界历史上那种看不起中国人，看不起中国文化的时代应当完结了。伟大的胜利的中国人民解放战争和人民大革命，已经复兴了并正在复兴着伟大的中国人民的文化。”② 中华人民共和国成立以来，我们在文化建设中有过凯歌行进，也曾在误区徘徊，当下正以新的文化自觉推进着文化强国的进程。60 多年来我们所取得的文化建设成就，既与其他方方面面的建设成就一样是中国社会主义建设成就的重要组成部分，也作为发展进步的思想条件、精神动力和智力支撑推动了当代中国经济社会的整体发展，作为物质实践的精神成果深深地融含在社会主义建设成就的方方面面。对这些文化建设与发展成就的自信，是以当下为基点的文化自信的重要内容。此外，我们还要看到，在当今世界文化发展的总体格局中，中国文化并未处于强势地位，在整体上也尚未占据人类文化发展的制高点，仍然面临着诸多的发展难题。破解发展难题，提升中国文化在当今世界文化发展总体格局中的影响和地位，最根本的仍然是要依靠生生不息的文化创新和创造。既看到我们在文化创新创造方面的任重道远，又对我们实现文化创新创造持有充分的勇气和自信，这同样是以当下为基点的文化

---

① 赵剑英、干春松：《现代性与近代以来中国人的文化认同危机及重构》，《学术月刊》2005 年第 1 期。

②《毛泽东选集》第四卷，人民出版社 1991 年版，第 1516 页。

自信的重要内容。

推动以当下为基点的文化自信的普遍增强，是一项系统的工作、渐进的过程。在这一进程中，需要进一步加强对当代中国文化发展历史与现实的梳理和研究，从不同角度和层面充分展现中华人民共和国成立以来在文化建设领域所实现的新发展、取得的新成就；需要进一步加强对当代中国文化元素、文化形象、文化符号的研究和宣传，让当代中国的新文化得以借助贴切有形的载体获得精细的传播、明晰的展示；需要进一步加强社会主义核心价值体系的教育和践行，以高度的价值自信支撑文化自信。更为关键的是，需要以改革创新的精神推进文化的大繁荣大发展——因为只有文化创新发展的新实践，才能最终炼就人们文化自信的新品质。

涵养向新而行的文化自信

文化自信不是一种抽象的精神状态，有其具体的规定性。概言之，我们所要增进的文化自信，即中华民族对于自我文化理想、价值、活力与前景的确信。这里的“中华民族”，是身处当下时空交汇点上的中华民族，是承接历史荣光、心怀百年夙愿而致力于新建设的中华民族；这里的“自我文化”，即中华民族的文化创造，既包括我们的先民留下的优秀文化遗产，也包括我们正在进行的文化实践，包括我们所应努力开创的文化新气象。这些规定性的聚合，展示着我们所要涵养的文化自信的本质与内涵。

一、我们所要涵养的是中国特色社会主义的文化自信

中国特色社会主义是改革开放以来党的全部理论和实践的主题，是当今时代的中华民族宏伟而独特的创造性实践。生动展开这一主题，深入推进这一实践，需要有坚定的自信；文化自信即中华民族实

现伟大复兴所内在要求的坚定自信的文化方面。中国特色社会主义文化建设是中国特色社会主义事业的重要构成，推进这样的文化建设，需要的是与之相应的、中国特色社会主义的文化自信。这是我们所要涵养的文化自信的本质所在。我们应当自信于所拥有的辉煌文明史，但自信于史，不是句号，我们更要有对于从辉煌文明史中一路走来、延伸于脚下的现实的事业的自信。习近平总书记将文化自信与中国特色社会主义道路自信、理论自信、制度自信并称，并反复强调实现中华民族伟大复兴必须坚定中国特色社会主义道路自信、理论自信、制度自信、文化自信，不仅进一步凸显了增进文化自信的重要意义、“四个自信”的内在关联，也进一步点明了实现民族复兴是增进“四个自信”的总目标，中国特色社会主义是“四个自信”的总定语，增进中国特色社会主义自信是“四个自信”建设的总指向。我们应当在这一总目标、总定语、总指向中理解所要涵养的文化自信的本质和内涵。

二、我们所要涵养的是立足当下、继往开来的文化自信

辉煌璀璨的历史文化，是中华民族的宝贵财富，是我们文化自信的重要底气。但是，我们文化自信的底气，只有在旧邦新命的历史接续中、在优秀传统创造性转化创新性发展的当下实践中，才会更加充盈浩荡。有人将对传统的推重，视为迎对西潮的金盾。对本民族优秀传统的高扬，有助于我们更好地认清“我是谁”“我从哪里来”，对于在诸神狂欢的当代文化境遇中持守民族自性、文化自性具有重要意义。但也要看到，现实中不同文化的猛烈激荡，是在“当今时代”这一共时态的轴线上展开的，任何人都无法改变这一共时态的竞争轴线。如果我们迎对现代的西方，只能求助于古老的传统，那既是对

当代国人文化责任的逃避，结果也只能是传统的“逃遁”。当代的中华民族，不能做“望洋兴叹”者，也不能做“望古兴叹”者，而是要有承于古、强于今的雄心和作为，以文化的新创造为我们的文化自信注入不竭的时代活力。正如习近平总书记指出的那样：“今天，我们回顾历史，不是为了从成功中寻求慰藉，更不是为了躺在功劳簿上、为回避今天面临的困难和问题寻找借口，而是为了总结历史经验，把握历史规律，增强开拓前进的勇气和力量。”① 这就需要我们在给优秀传统以充分礼敬的同时，增进立足当下、继往开来的文化自信和文化创造新实践。中华民族既要善于历史的回望，从历史中汲取经验、智慧；也要善于历史的展望，面向未来，放飞梦想；还要善于为未来奠基，踩定当下，担当时代的责任。其中必需的，也正是立足当下、继往开来的文化自信。

三、我们所要涵养的是立足中国、直面世界的文化自信

文化自信不等于文化上的自我迷恋、自我欣赏，更不是文化上的自我保守、自我封闭。文化自信本身便是在文化的人我相遇中、在开放的境遇与语境中提出的问题。自我封闭只能导致文化的闭目塞听、盲目自大。如果说这也是一种自信的话，那只可能是不堪一击的自我麻醉。当代中国所需要的文化自信，既体现在对自我文化的确信，也内含着美人之美的雅量、开放包容的气度、择善而用的从容。在纪念孔子诞辰 2565 周年国际学术研讨会上，习近平总书记指出：“强调承认和尊重本国本民族的文明成果，不是要搞自我封闭，更不是要搞唯我独尊、‘只此一家，别无分店’。各国各民族都应该虚心学习、积

①《习近平谈治国理政》第二卷，外文出版社 2017 年版，第 32 页。

极借鉴别国别民族思想文化的长处和精华，这是增强本国本民族思想文化自尊、自信、自立的重要条件。”① 在哲学社会科学工作座谈会上，习近平总书记也特别指出，构建中国特色哲学社会科学，要坚持立足中国、借鉴国外，挖掘历史、把握当代，关怀人类、面向未来的思路，要善于融通古今中外各种资源。这些论述，鲜明展开了我们所要涵养的文化自信的中国立场和世界眼光。立足中国、面向世界的文化自信，强调坚守中国文化的主体性，强调做出具有中华民族主体性原创性的文化开拓，也注重对世界优秀文化成果的吸纳镜鉴、对人类文明做出新的贡献。

立足当下、继往开来，立足中国、直面世界的中国特色社会主义文化自信，是当今时代的中华民族向新而行的文化自信。涵养我们向新而行的文化自信，重要前提是普遍性地增进、提升中华民族对于我们自己的文化的认知、理解，由认知理解而走向认同与确信，增强传承好、发展好自己民族文化的自觉，增强推动当代中国文化创新发展的责任意识与使命感。概言之，文化自信，立基于文化自知之上。这里的“自知”，包括对优秀传统文化之“知”，对近代以来中国共产党领导人民革命的进程中所形成的革命文化、革命传统之“知”，对中国特色社会主义文化之“知”，包括对我们文化的理念、智慧、气度、神韵、价值之“知”，也包括对中国文化的历史积淀、现实情形、理想与方向之“知”。如何在国民教育体系中，科学设计课程体系和教育教学，将中国文化的“种子”种植于青年一代的心中；如何面向广泛而多样的社会大众，系统推动中国文化的社会化普及，激发普遍的文化建设的当下意识责任意识，需要我们有基于新的时代特点、受众特点等的顶层构划与落地设计。与此同时，涵养我们向新而行的文化

① 习近平：《在纪念孔子诞辰2565周年国际学术研讨会暨国际儒学联合会第五届会员大会开幕会上的讲话》，人民出版社2014年版，第9页。

自信，还需要聚焦核心价值观建设这个核心，抓住全民族文化能力建设这个关键，此外，还要特别注意用好当代中国的发展进步这个最大的教育资源。

发展的事实，是思想观念引导、精神动力构建的最有力的根据。涵养我们立足当下、继往开来，立足中国、面向世界的中国特色社会主义文化自信，最根本的依据要在当今时代中国大地上的大变革大发展中来寻找。在中国共产党和中华民族的不懈奋斗中，我们党和国家事业发生历史性变革，我国发展站到了新的历史起点上，中国特色社会主义进入了新的发展阶段；近代以来久经磨难的中华民族实现了从站起来、富起来到强起来的历史性飞跃，社会主义在中国焕发出强大生机活力并不断开辟发展新境界。这种发展进步的大逻辑中，有文化的逻辑、文化的力量。在我们文化自信的涵养中，应当更加自觉地探索、揭示当代中国发展进步背后的文化逻辑、文化力量，更加清晰地展示当代中国发展进步中的文化新创造新气象。同时，我们也应客观理性地分析把握我们文化发展中的挑战、短板和不足。“砥石不利，而可以利金。”发展进步垒筑信心，问题和挑战，同样可以是磨砺自信的砥石。

肆

文化自信中的内与外

推动中国思想文化“走出去”，向世界积极阐释中国道路、中国模式，传递中国声音、中国理论，贡献中国思想、中国智慧，具有重要的中国和世界意义。

文化“走出去”，不是简单地带着我们的文化出国“走一遭”。文化的对外传播，需要我们以高度的自觉性进行精耕细作。

我们要有胸怀大局的气度、把握大势的睿智、着眼大事的能力，坚持对外文化交流中的政府主导、软实力发展与硬实力建设协同推进，坚持文化“走出去”的价值观传播主线，探索多样化、本土化、人人参与的文化交流传播有效路径，推动当代中国思想文化“走出去”实践的创新发展。

思想文化“走出去”的战略意义

随着信息技术革命的深入发展与经济全球化大潮的日趋高涨，当代世界各国之间在思想、文化方面的交流交融日趋频繁，在价值观、意识形态及文化国力领域的角逐较量日趋激烈。在此背景下，以高度的文化自觉推动中国思想文化迈出国门、走向世界，对促进中国与世界的和平健康发展具有重大意义。

一、推动中国思想文化“走出去”，增强国际话语权，有助于维护国家意识形态安全

软实力的重要内容是文化吸引力和价值影响力。如何形成面向世界的强大文化吸引力，是我们在全面开放新时期面临的一个紧迫问题。随着中国经济“硬实力”的飞速发展，少数西方国家对中国发展的文化意义怀着一种不安、疑虑，甚或敌视情绪。近年来，西方媒体肆意炒作的“中国威胁论”“中国傲慢论”“文明冲突论”，乃至

其津津乐道的“中国责任论”“中国崩溃论”等，就是部分西方国家在文化上否认中国发展的积极意义，将中国视为文明秩序的敌人、意识形态上的恶魔，进而敌视中国、拒斥中国、妖魔化中国的直接证明。围绕南海岛礁吹填事件，美国更是从维护自身国家利益和巩固其亚太霸权地位出发，在政治、军事与外交上“拉偏架”。与此同时，美国的主流媒体、民间智库和学者积极配合政府立场，大肆宣称中美关系已达“临界点”，在朝野上下掀起一股修正 20 世纪 70 年代以来美政府奉行至今的对华“接触政策”的逆流。造成这种局面的根本原因，在于苏联解体、冷战结束以来，少数霸权国家把中国当成新时期西方文明的最大挑战者①，急欲凭借其经过冷战洗礼的包括“刊物、图书、会议、研讨会、美术展览”等在内的这个“庞大的文化武器库”②，以在“新一轮”的价值观较量和意识形态斗争中击败中国。面对长期以来西方报纸、杂志、影视等文化产品牢牢控制国际文化传播话语权的“西强我弱”格局，积极推动中国思想文化“走出去”，在激烈的国际竞争中发出中国声音、传播中国思想、阐释中国价值观，对于维护我国文化安全和意识形态安全具有十分重大的战略意义。

二、推动中国思想文化“走出去”，提升国家文化软实力，有助于进一步增强综合国力、实现民族复兴的光荣梦想

软实力与硬实力相辅相成，强大的软实力对促进国家硬实力的发展以及整个综合国力的增强都具有重要作用。随着经济实力的迅

---

① ［美］塞缪尔·亨廷顿著，周琪等译:《文明的冲突与世界秩序的重建》，新华出版社 2002 年版，第 259 页。

② ［英］弗朗西斯·斯托纳·桑德斯著，曹大鹏译:《文化冷战与中央情报局》，国际文化出版公司 2002 年版，前言。

速发展，中国愈加深入、全面地走向世界、融入世界，愈加广泛地参与经济全球化进程。如果说改革开放的前几十年，走向世界、走向国际市场的主要是“中国制造”的话，那么在今后的全面改革开放新时期，昂首迈向世界的将主要是“中国产能”“中国金融”“中国企业”“中国倡议”。由中国发起并获得国际社会竞相支持的“亚投行”与“一带一路”倡议，就是新时期中国金融、中国企业和中国倡议“走出去”的典范案例。据商务部统计，2014 年我国非金融类对外直接投资同比增长 14.1%，首次突破千亿美元大关，继续保持世界第三位，已成为实际上的“资本净输出国”①。跨国生产经营，就是跨文化生产经营。由于习俗、观念上的差异和隔膜，中国企业走出去的初始步伐，难免遭遇这样那样的文化阻力。研究显示：“大约有 35% ～ 45% 的跨国并购是以失败而告终的，其中……70% 是由于未能实现文化融合而导致的。”② 因此，《纽约时报》曾不无道理地指出：中国企业有实力购买海外资产是一回事，努力适应不同的文化与制度来更好地运作这些资产，是另一回事。③ 经济出门，有待文化引路。推动中国思想文化“走出去”，积极提升中国文化的海外吸引力，充分发挥好文化的“软化剂”“增进剂”作用，是促进中国经济更好融入世界的应为之举，是进一步增强综合国力、实现民族复兴光荣梦想的必由路径。

---

① 孙超逸：《商务部：我国已成资本净输出国》，《北京日报》2015 年 1 月 20 日。

② 何颖：《贵在“融”，重在“实”——浅谈国企“走出去”战略之文化融合》，《中外企业文化》2015 年第 7 期。

③ 刘佩：《“走出去”十年：中国企业海外危机西方媒体话语分析》，《新闻界》2015 年第 11 期。

三、推动中国思想文化“走出去”，传递中国声音、贡献中国智慧，有助于促进世界和平发展

中国发展所取得的辉煌成就，得益于中国一贯坚持的自主发展道路。“中国道路”和“中国模式”的巨大成功，有力破除了“现代化即西方化”的长期迷信，动摇了西方主流理论对“发展中国家如何实现现代化”这一问题的发言权。在国际金融危机持久而深刻的影响下，今天的西方国家，尤其是欧盟成员国自身仍未完全走出危机的阴霾，经济状况持续低迷。与此形成鲜明对照的是，独树一帜的中国经济此时成了维系世界信心和希望的稳定剂。在此背景下，虽然西方主流媒体和学者基于意识形态之争而继续丑化中国、唱衰中国，但少数有识之士已然开始寻思“中国道路”“中国模式”的深刻启示与世界意义。2008 年是中国推进改革开放事业的 30 周年。美国《时代周刊》总编辑艾略特于是年撰文怀念中国改革开放事业的总设计师邓小平。在艾略特笔下，邓小平是其“不曾谋面但却最难忘的当代领导人”，中国的改革开放事业“是我们时代的伟大故事。它是我们所有人的故事，不仅仅属于中国”。显然，艾略特之所以视邓小平为“我们这个时代最伟大的人”，绝不仅仅是因为邓小平开创的改革开放事业改变了中国，而是因为这一事业同时改变了世界，是因为中国的现代化实践具有广泛且深远的世界意义。① 除艾略特之外，连长期鼓吹“历史终结论”的美国学者福山，也开始在一定程度上承认

---

① 沈壮海等著：《吸引力、影响力、文化软实力：中国特色社会主义文化建设》，武汉大学出版社 2014 年版，第 144 页。

中国模式的特殊性及其研究价值。[①] 于此境况下，推动中国思想文化“走出去”，向世界积极阐释中国道路、中国模式，传递中国声音、中国理论，贡献中国思想、中国智慧，对促进世界经济政治发展与社会文化进步，无疑具有重要借鉴意义和宝贵参考价值。

---

① 欧阳雪梅:《中华文化国际传播能力建设路径探析》,《湖南社会科学》2015 年第 1 期。

当代中国的思想文化“走出去”

改革开放以来，尤其是新世纪以来，党和国家高度重视文化“走出去”工作。在对外开放的经济社会发展进程中，在日益紧密的中外各领域交流合作实践中，中国思想文化“走出去”工作取得了可喜进展，为下一步文化“走出去”事业的繁荣发展打下了坚实根基。

一、愈加明确和全面的中央战略部署

党的十五大报告在论述“有中国特色社会主义的文化建设”问题时就曾发出“向世界展示中国文化建设的成就”的号召。2004 年召开的十六届四中全会，明确提出“推动中华文化更好地走向世界，提高国际影响力”的战略目标。十八大以来，在全面对外开放的新时期，我们党更加注重从中国特色社会主义现代化建设全局的高度审视、部署和实施中华文化“走出去”战略工程。在中央政治局第十二次集体学习会议上，习近平总书记从“努力传播当代中国价值观念”“努力展示中华文化独特魅力”“注重塑造我国的国家形象”“努力提高国际话语权”等角度，全方位阐明了中华文化“走出去”的战略意义、根本原则、应循路径和重要抓手。① 为贯彻中央的战略决策，“十一五”“十二五”期间，除《文化建设“十一五”规划》《文化产业振兴规划》等文化发展规划中浓墨重彩地刻画着中国文化“走出去”工作的实施蓝图外，国务院及其下属部委等还先后制定、出台了《关于扶持培育文化出口重点企业、重点项目的合作协议》《关于金融支持文化出口的指导意见》《新闻出版业“十二五”时期“走出去”发展规划》《关于进一步推进国家文化出口重点企业和项目目录相关工作的指导意见》《关于加快发展对外文化贸易的意见》等诸多专门针对文化“走出去”的政策性文件。在愈加明确的中央战略决策和逐步完善的政府制度性安排的引领之下，中华文化“走出去”的步伐日益强健。

二、蓬勃发展的中华文化海外传播机构

早在改革开放初期的 1984 年，我国就成立了中国国际文化传播中心。1987 年组建由教育部、外交部、文化部等多部门联合构成的“国家对外汉语教学领导小组”，协调推进中国文化的海外传播工作。1988 年全球首家海外中国文化传播机构——“毛里求斯中国文化中心”落成开放。在海外实体机构的支撑下，中华文化“走出去”工作向前稳步推进。新世纪以来，以 2004 年第一家孔子学院——“韩国首尔孔子学院”的设立为标志，中华文化对外传播的海外本土化机构建设迈入蓬勃发展新阶段。截至 2014 年底，我国已在全球建成

① 《习近平谈治国理政》，外文出版社 2014 年版，第 160 ～ 163 页。

了 20 个中国文化中心、475 所孔子学院和 851 个中小学孔子课堂。依托遍布海外的实体机构，我们开展了数以万计的文化传播活动，产生了十分广泛的影响。比如，孔子学院和孔子课堂十年来累计注册学员 345 万人，开展文化活动 7 万多场，受众超过 5000 万人。① 在上述机构及其开展的丰富多彩的文化传播活动的推动下，全球掀起了新一轮的中国文化学习热潮。目前，已有 61 个国家和地区将汉语教学纳入国民教育体系，全球汉语学习者已达 1 亿人，比 10 年前增长 3.3 倍。② 在巨大需求的推动下，全球 70 余个国家的 200 多所大学正积极申办孔子学院。③ 美国《纽约时报》、英国《金融日报》、美国有线电视新闻网（CNN）、英国广播公司（BBC）等媒体多次评论、盛赞孔子学院“是迄今为止中国出口的一个最好最妙的产品”。④ 可以说，蓬勃发展的中华文化海外传播机构，是推动中华文化“走出去”的重要实体性依托。

三、迈向国际的中国传媒事业

在现代社会，新闻媒体是发布热点消息、传播实时资讯的主要渠道，是话语权的重要掌控者。改革开放以来，为打破西方媒体对国际话语权的垄断，中国传媒事业走向国际的步伐从未停止，并取得了不

---

① 夏建辉:《关于中华文化“走出去”的思考》,《孔学堂》2015 年第 2 期。

② 萤火虫:《“走出去”的文化，十年的惊世一跃——全球孔子学院 10 周年文化类素材精析》,《求学》2015 年第 7 期。

③ 参见新华网:《孔子学院：目前仍有 70 多个国家 200 多所大学正在积极申办》（http://education.news.cn/2015-01/13/c_1113975778.htm），2015 年 1 月 13 日。

④ 沈壮海等著:《文化强国之路》，湖南教育出版社 2014 年版，第 308 页。

俗的成绩。比如，我国早在 1981 年就开始向国际主流社会公开发行英文版《中国日报》。该报以其报道的客观性、真实性和生动性，赢得了世界民众的高度认可。在 2014 英国年度报业大奖（被誉为英国报业“奥斯卡”奖）的角逐中，后来居上的《中国日报》欧洲版在强手如林的激烈竞争中突出重围，摘得“最佳国际报纸奖”。① 同时，中国的广播电视传媒也在国际化进程中取得了长足发展。截至 2015 年初，中央电视台在全球建立了两个海外分台、5 个中心站和 63 个记者站，共开办了中、英、法、西、俄、阿和英语纪录 7 个频道，覆盖了世界 171 个国家和地区；而中国国际广播电台已能用 64 种语言、分 134 个频率，向全球传播中国声音。② 此外，近年来我们亦高度重视网络新媒体的海外推广工作，并在短短数年内取得了优异的成绩。如《人民日报》海外版的官方网站——“海外网”，于 2012 年底正式上线，经过不到一年半的发展，海外网的日访问量即逼近 4000 万。③ 其所推出的“海客”客户端以及“侠客岛”与“学习小组”等栏目，均已成为广受关注的知名品牌。可以说，走向国际的中国传媒事业，为中国国际话语权的提升和中国国家文化软实力的建设做出了重要贡献。

---

① 李淼:《〈中国日报〉欧洲版: 如何对外讲好中国故事》,《中国新闻出版报》2014 年 10 月 28 日。

② 李宇:《我国国际传播能力建设的反思与展望》,《对外传播》2015 年第 2 期; 欧阳雪梅:《中华文化国际传播能力建设路径探析》,《湖南社会科学》2015 年第 1 期。

③ 刘凌、邹雅婷:《海外视野　中国立场　倾力打造内容核心竞争力　海外网日访问量逼近 4000 万》,《人民日报（海外版）》2014 年 5 月 2 日。

四、丰富多彩的文化交流品牌

近年来，尤其是十八大以来，我们在中华文化“走出去”战略引领下，在各项政策、制度的支撑下，依托众多中外文化交流机构和组织，在全球范围内开展了数以万计的文化“走出去”大型活动，创建了丰富多彩的文化交流品牌，产生了极其深远的影响。其中较有代表性的一是与全球 146 个主要国家签署了文化合作协定。① 在此基础上与美国、英国、加拿大、俄罗斯、日本、韩国、印度、澳大利亚、巴西，以及包括法国、德国、意大利、西班牙等在内的欧盟诸国，包括越南、泰国、印尼等在内的东盟诸国等众多国家和地区联合举办“文化年”“文化季”“文化月”“文化周”及“中国艺术节”“民俗交流节”等大型品牌活动，积极传播中国文化。二是大力开展遍及海外各大洲的“欢乐春节”文化交流活动。2014 年“欢乐春节”在 112 个国家和地区的 321 个城市举办了 570 多项大型活动，世界各国近 1000 位国家元首和各级政要出席，共吸引 7000 多万海外民众的热情参与。② 三是与世界主要国家、地区和组织搭建高层交流平台，如“中美文化论坛”“中日韩文化部长会议”“上海合作组织文化部长论坛”“中非合作论坛——文化部长论坛”等，定期商讨文化交流事宜。四是面向海外知名专家、汉学家、青年学者开展一系列来华访问、交流、进修等项目，如“青年汉学家研修计划”、“汉学与当代中国”

① 参见中华人民共和国国务院新闻办公室官方网站:《文化部 2015 年第一季度例行新闻发布会》(http://www.scio.gov.cn/xwfbh/gbwxwfbh/xwfbh/whb/Document/1395946/1395946.htm)，2015 年 2 月 16 日。

② 新华网:《2015 年海外“欢乐春节”:将在 119 个国家地区举办 900 项活动》(http://news.xinhuanet.com/2015-02/11/c_1114339754.htm)，2015 年 2 月 11 日。

座谈会、“奖学之旅——海外中国文化中心优秀学员访华活动”、“孔子新汉学计划”等。通过吸引外国学者来华访问访学，培养一大批热爱中国文化、熟知中国文化、向世界积极传播中国文化的海外“中国学”家。五是启动多项中国图书海外翻译、出版重点工程，积极推动中国书籍、中华学术的对外传播与普及。其中较有代表性的有“中国图书对外推广计划”“经典中国国际出版工程”“中国文化著作翻译出版工程”以及全国哲学社会科学规划办公室的“中华学术外译项目”和纳入国家“一带一路”倡议的重大项目“丝路书香”工程等。此外我们还设置了诸如“国际汉学翻译大雅奖”“中华图书特殊贡献奖”等奖项，旨在奖励为中国图书“走出去”做出重要贡献的海内外杰出人才。我们在海内外投放的《中国国家形象片》《中国共产党与你一起在路上》《舌尖上的中国》等，以及举办和打造的“亚洲艺术节”“北京国际音乐节”“东亚文化之都”等项目，也都借助传统媒体及网络新媒体等多种途径推送海外，产生了非凡影响。

五、迅速发展的对外文化贸易

党的十八届三中全会讨论如何“提高文化开放水平”问题时提出了新时期扩大对外文化交流的四大原则，即“政府主导、企业主体、市场运作、社会参与”。推动中国思想文化“走出去”，除积极发挥政府主导作用外，还应注重发挥企业的主体作用。近年来，承载着中国元素、中国理念和中国价值观的文化产品的对外贸易发展欣欣向荣。据商务部统计，2013 年我国文化产品出口总额达 251.3 亿美元，是 2006 年的 2.6 倍。另据《中国对外文化贸易年度报告（2014）》统计，2013 年度国产电影海外票房和销售收入达到 14.14 亿元人民币，相比于 2012 年的 10.63 亿元，同比增长 33.02%；核心动漫产品出口额达 10.2 亿元，比 2012 年的 8.3 亿元增长了 22.89%；中国自主研发的网络游戏海外市场销售收入攀升至 18.2 亿美元，比 2012 年增长了 219.3%。2011 年底成立的上海对外文化贸易基地在短短两三年中就已吸引了 232 家企业入驻，注册资本规模达 35 亿元人民币，2013 年度基地文化贸易新增总量已超过 70 亿元人民币，形成了文化产品走出去的“上海新模式”。① 这些情况揭示了我们对外文化产品贸易在近年中所取得的良好成绩，彰显着中国文化“走出去”的强劲势头。

地方力量、民间力量与社会组织、中资机构近年来也在中国思想文化“走出去”实践中联合起来做出了许多重要贡献。如江苏省联合社会组织、民营企业组建“江苏美国文化中心”、伦敦“江苏文化产业促进中心”等，在海外积极传播中国文化。② 云南新知集团在柬埔寨首都金边成立华文书店，并依托该书店建成了首个海外“中国文化之家”。③ 长江文艺出版社策划、推出的《狼图腾》一书，其英文版于 2007 年在海外发行，“创下了中国作家作品海外版权最高价格”，甚至有媒体用“中国文化产品在《狼图腾》的带领下大举进入英文主流市场”来评价这次版权交易的重大意义。④ 次年，该书即拥有了英、法、意等近 30 种语言的译本，并在全球 110 个国家和地区公开发行。⑤《纽约时报》《时代周刊》《泰晤士报》及美联社、BBC、

① 李道今:《文化走出去亟须打造“北京模式”》,《投资北京》2014 年第 8 期。

② 薛颖旦、贾梦雨:《文化走出去,用世界语讲中国故事》,《新华日报》2014 年 5 月 16 日。

③ 陈璐:《在世界版图上描绘中国风景——2014 海外中国文化中心发展建设回眸》,《中国文化报》2015 年 1 月 8 日。

④ 参见新华网:《小说〈狼图腾〉进军英文主流市场》(http://education.news.cn/2005-09/02/content_3432309.htm), 2005 年 9 月 2 日。

⑤ 舒晋瑜:《英文版〈狼图腾〉110 个国家和地区同步发行》,《中华读书报》2008 年 3 月 19 日。

CNN 等西方主流媒体纷纷对之进行报道和评论，产生了巨大的文化反响。可以说，地方力量热情参与的生动局面，亦显示出当代中国文化“走出去”的蓬勃活力。

思想文化“走出去”中的问题

中华人民共和国成立初期，受冷战和意识形态等因素的影响，西方国家长期敌视、封锁中国，遏制新中国的建设与发展。20 世纪 70 年代以来，经几代中央领导集体的不懈努力，我们才在打破西方封锁、融入国际社会方面逐步取得积极进展。故此，我们的文化“走出去”工作存在起点低、历时短、经验不足等问题和短板，“西强我弱”的国际文化交流格局仍然没有发生根本性改变。文化“走出去”中的问题突出体现在以下几个方面。

一、文化“走出去”的自觉自信有待进一步增强

文化“走出去”，不是简单地带着我们的文化出国“走一遭”。“走出去”的最终目的，是要在异域国家撒下中国文化的种子，并期待其能够落地生根。因此，文化的对外传播，需要我们以高度的自觉性进行精耕细作。但当前的文化“走出去”实践，包括一些大型的活动，

在一定程度上存在重形式而轻内容、重硬件配置而轻软件关切、重外在建设而轻内涵发展的问题，从而暴露出我们在文化“走出去”实践中缺乏探求文化传播规律的自觉性、缺乏关注文化传播落地效果的积极性与主动性等短板。比如在非洲的贝宁从事汉语教学时，我们一度不是根据贝宁的国情民情和风俗文化来进行针对性教学，而是采用法国人编写的教材，“其中很多内容不适合物质生活相对贫困的贝宁人民，因缺乏切身体会极大地影响了当地学员的汉语学习热情”①。文化“走出去”之自觉性较为缺乏的另一种表现是，有些所谓的文化“走出去”活动，其实仅仅只是一个过场或“幌子”，其真实目的是到海外沾点洋气以求更好地“内销”。较有代表性的就是国内艺术团体不惜出重金前往维也纳金色大厅演出、以求成为“载誉归来”的“国际级”表演团体的例子：“据中国驻奥地利大使馆的文化参赞称，8个月的时间就接待了133个中国音乐团体，大部分都是来‘镀金’的。”②这种出海不是为了传播自家文化而是为了沾别人洋气的现象，不仅反映出部分国人缺乏“走出去”的文化自觉，而且反映了我们在一定程度上缺乏“走出去”的文化自信。

二、文化的对外传播理念有待进一步创新

与西方发达国家较为成熟的文化传播思想相比，我们当前的传播理念还具有一定的滞后性，这是制约我们在文化竞争中有效提升国际话语权的一条重要因素。比如，受传统“和文化”等因素的影响，中国媒体在新闻报道中往往存在“慢半拍”的情况，甚至“在一

① 卫志民、陈璐：《提升海外中国文化中心的传播能力》，《红旗文稿》2015年第4期。

② 风平：《文化“走出去”何必只求镀金》，《解放日报》2014年3月12日。

些涉及中国敏感问题上，当国际媒体投入全力报道的时候，我们的主流媒体却往往集体失声，把话语权拱手相让”①。再如，针对同一个颇具新闻价值的重大事件，我们的一些媒体对内发布的中文稿件与对外发布的英文稿件，在内容上常常存在一定的差别。这种注重区分内宣与外宣的传统做法，在过去无疑具有一定的积极意义；但在中外交流日益紧密的当代，自然会影响海外受众对我新闻报道的“透明性”和“公信力”的信任。今天，随着信息技术日新月异的革新更化，以“自媒体”为代表的网络新媒体亦迅猛发展。新闻资讯的传播对“时效性”“透明性”有了更为严格的要求。在此背景下，如何与时俱进地创新文化传播理念，以真正统筹国内国际两个大局、协调内宣外宣两条路径，是新时期扩大国际传播话语权并有效推动文化“走出去”工作向前发展所应解决的一个迫切问题。

三、文化交流的方式与策略有待进一步改善

近几年，我们国家在制度、政策、资金、组织等各个方面对文化“走出去”工作给予的支持力度非常之大，可谓是不遗余力。这充分体现出我们对中华文化海外传播事业的高度重视。正是在国家宏观层面上的有力推动下，中国文化“走出去”取得了可圈可点的成绩。但是，其中的有些做法，也极易导致国外受众对我文化交流意图的误解。2014 年 9 月，美国芝加哥大学宣布停办孔子学院。该校的 108 位教授联名建议叫停孔子学院，他们所称的理由是担心“孔子学院的‘政府背景’和‘不计成本’的投入方式，会影响‘学术自由’”。②

---

① 陈卫华：《驻外媒体如何争取国际新闻话语权》，《对外传播》2014年第2期。

② 刘旭：《孔子学院十年：实现中国文化“走出去”——从孔子学院发展现状问题与对策研究谈起》，《出版广角》2015 年第 8 期。

虽然芝加哥大学和宾夕法尼亚州立大学停办孔子学院的风波在国际上没有产生大家所担心的连锁反应，但此类事件也提醒我们要进一步思考文化交流中的方式和策略问题。文化之所以被称为“软实力”，在一定意义上正是因为文化对人的影响是无形的、潜隐的，是以通过柔性的方式打动人的情感、触及人的心灵、激起人的共鸣为标识的。因此，文化交流一定要注重方法上的柔韧性、灵巧性，以及策略上的隐蔽性、渐进性。

四、文化“走出去”的效果评估体系有待进一步优化

好的效果评估体系，是检测文化“走出去”工作的成绩与问题的重要工具，是引导文化“走出去”更好推进、更优发展的“指挥棒”。而在盘点近年来文化“走出去”工作的成效时，我们通常会列举成立了多少家海外文化传播机构、通过了多少个文化交流协议、举行了多少场大型文化交流活动、覆盖了多少个国家地区和多少海外受众，等等。其实，类似于此的成效统计，只能反映当前对外文化传播中“我们”究竟做了哪些工作，而不能反映这些工作在影响异域的“他们”（海外受众）上有什么切实效度。客观而言，在文化“走出去”的“中外”交流实践中，从“中”的“起步”角度看，我们在短短数十年间确实取得了不凡的业绩；但从“外”的“落地”角度看，我们距成功实现塑造良好中国形象这一预期目标仍有较远的路途。美国皮尤研究中心曾发布“全球40国对华好感度调查”的数据。调查显示，西方主要国家的受访者对华好感度普遍偏低，如美国人对中国持正面看法的比例为38%，加拿大是39%，英国45%，意大利40%，德国34%，

日本最低，仅为9%。[①] 文化“走出去”的目的，是增强中国文化的海外吸引力与影响力。文化“走出去”的成效，体现在域外民众对中国和中国文化的积极接纳与正面认同之上。因此，在文化“走出去”的效果测评指标上实现由重“数量统计”到重“质量评估”、由重“外在建设”到重“内涵发展”等一系列转化，是新时期切实推动中国文化“走出去”工作创新发展的应有举措。

五、学术精品的涵育力度有待进一步提升

新世纪以来，我们在文化“走出去”实践中培育打造了不少有重大影响的活动品牌和交流项目，这一点是值得充分肯定的。但是，除了这些交流活动类的品牌外，包含当代中国思想、中国理论和中国价值观的文化经典、学术精品还十分稀缺。纵观近年来中国图书版权的国际输出状况就可以发现这一点。经过不懈努力，虽然我们在版权输出的总体数量上取得了可喜的成绩，但我们输出的图书内容及其质量却不容乐观：“在类别构成上，语言类、生活类、文化类的出版物占有市场份额较大，思想类、政治类、学术类的出版物则相对较小。”[②] 而其中能够“进入西方发达国家主流文化渠道”且“能够影响西方社会思想和价值观念的出版物”更是寥寥无几。[③] 如果我们能够“走出去”的文化作品只停留在饮食、中医、养生等生活类层

---

① 参见《全球40国对华好感度调查：巴铁最友好日本人最抵制》，《国际财经时报》2015年6月24日。

② 蔡晓宇：《中国出版十年“走出去”历程的回顾、反思与展望》，《出版广角》2015年第7期。

③ 蔡晓宇：《中国出版十年“走出去”历程的回顾、反思与展望》，《出版广角》2015年第7期。

面，而不能在文化的核心——价值观上吸引世界和影响世界，那我们在国际层面的文化竞争和意识形态竞争中的劣势地位就不会发生根本性改变。要扭转这一状况，我们就要在文化精品的涵育力度上勤下功夫。这就要求当代知识分子以高度的责任感和使命感，立足中国大地、总结中国经验、创新中国话语，努力打造真正具有思想内涵、理论厚度和广泛影响力的学术名典。

六、文化产业的集群规模有待进一步扩大

当前我们的文化“走出去”工作不少依靠作品“送出去”的形式进行，而非产品“卖出去”的形式开展。这在一定程度上反映了我国对外文化产品的吸引力还相对较弱这一事实。“能够成为软实力的文化一定是能够流行的文化。”① 缺乏为海外受众所喜爱的、能够引领消费时尚的文化产品，是当代中国文化国际影响力相对不足的直接证明。造成这种现象的一个重要原因，是规模和体量较为弱小的国内文化产业相对缺乏创新创造的活力氛围。据统计，新世纪以来我国文化产业的发展速度虽然可以用“腾飞”一词来形容，但由于起点低、基数小，因此至 2013 年，我国文化产业的增加值仅占当年 GDP 总量的 3.42%②，与同期占其 GDP 总量约 1/4 的美国文化产业的规模与实力相比有非常大的差距。而当年中国文化产品的对外出口额也只有 251.3 亿美元，仅占我国同期货物出口总额的 1%③。与美

① 沈壮海著:《文化软实力及其价值之轴》，中华书局 2013 年版，第 5 页。

② 高书生:《十年见证文化产业腾飞——我国文化产业 10 年发展对比分析报告》,《光明日报》2015 年 2 月 12 日。

③ 参见《商务部:2013 年我国文化产品进出口总额达 274.1 亿美元》,《金融时报》2014 年 3 月 31 日。

国文化产品占世界市场四成多的额度相比，我国文化产业“走出去”面临的竞争压力非常之大。事实上，作为一个历史悠久的文明古国，我们拥有着非常丰富的文化资源，但是由于文化产业基础薄弱，而没有能够将丰富的文化资源转化为高质量的文化产品，以致这些富有魅力的中国文化元素屡屡被西方国家借去并创作出诸如《花木兰》《功夫熊猫》等文化产品热销全球，并借此传播西方的思想和价值观。因此，扩大我国文化产业的生产经营体量，在集群化规模化效应的促进下提升文化产品的生产能力和技术，在此基础上培育文化消费品牌，是新时期增强我国文化产品国际竞争力、推动中国文化更好“走出去”的必由路径。

拓宽行稳思想文化“走出去”之路

在全球化的国际大背景下，在全面对外开放的新时期，积极推动中华文化走向世界，是一项涉及对内对外各项领域和各个层面的复杂系统工程，是一项关乎文化强国建设和民族复兴梦想的长期战略工程。我们要有胸怀大局的气度、把握大势的睿智、着眼大事的能力，在政府主导、全面统筹、协调兼顾的基础上，努力推动中国思想文化“走出去”实践的创新发展。

一、坚持软实力发展与硬实力建设的协同推进

十八届五中全会通过的《中共中央关于制定国民经济和社会发展第十三个五年规划的建议》明确强调要坚持协调发展的理念，“在增强国家硬实力的同时注重提升国家软实力”，这对我们推动中华文化“走出去”实践亦具重要指导意义。文化之为“软”实力，在一

定意义上是因其为一种难以具体把握的“无形”① 力量；而文化之为当今世人普遍关注的软“实力”，是因这种“无形”的力量又像空气一样“无时”“无处”不在影响人们的生产生活实践。② 因此，“无形”而又“无处不在”的文化，不仅依托各种精神产品而存在，而且附着于人类生产创造的一切物质产品之上。以美国文化为例，把美国文化传向全世界的载体，不仅仅是迪士尼的动画或好莱坞的大片等文化“软”产品，而且包括“苹果”“别克”“李维斯”“可口可乐”在内的众多物质“硬”产品。而当全球消费者痴迷于此类物质产品时，这些“硬”产品本身甚至可以摇身变成一种强大的“文化符号”，俘获着异域消费者的文化认知和心理认同。因此，“在我们努力提升文化软实力的进程中，必须同时关注软实力之成为实力的重要基础即硬实力的建设，为软实力的硬化奠定坚实的支撑”③。

坚持软实力发展与硬实力建设的协同推进，需要从战略高度打造“中国制造”的质量优势与技术优势。当前的中国，是进出口总额位居世界第一的经济大国。“中国制造”早已遍布全球的各个角落。但我国产品在国际市场上的竞争优势，主要凭借低廉的劳动力成本和价格因素，而相对缺乏高超的质量优势与技术优势。据中国

① 约瑟夫·S. 奈曾将包括“文化”等在内的“软实力”称为“无形的权力”。他说：“国际政治性质的变化常常使无形的权力变得更加重要。国家凝聚力、普世文化、国际制度正在被赋予新的意义。这些趋势预示着传统途径之外第二种、更有吸引力的权力运用方式。”参见［美］约瑟夫·S. 奈著，约瑟夫·S. 奈、门洪华编，门洪华译：《硬权力与软权力》，北京大学出版社 2005 年版，第 97 页。

② 习近平总书记在谈当代中国国家文化软实力的灵魂——社会主义核心价值观——的建设问题时曾形象地强调：“使社会主义核心价值观的影响像空气一样无所不在、无时不有。”参见《习近平谈治国理政》，外文出版社 2014 年版，第 165 页。

③ 沈壮海：《文化软实力及其价值之轴》，中华书局 2013 年版，第 20 页。

外文局等联合发布的《中国国家形象全球调查报告（2014）》显示，“中国制造”的产品品质是阻碍海外受访者购买中国品牌的主要因素。如有62%的受访者认为中国产品的“质量不过关”，60%的受访者认为“假冒伪劣产品太多”，紧随其后的两大因素是“食品安全问题”和“售后服务不佳”。①我们认为，如果中国产品在世人心目中是缺乏“硬质量”的伪劣货、是欠缺自主“硬技术”的低廉模仿品，那么不具“硬实力”的“中国制造”走向世界时不仅不会增强中国的“软实力”，反而会削弱中国的国家形象，降低中国文化的对外吸引力。因此，打造高质量与高技术含量的中国产品，使中国在新时期全面深化改革实践中从制造大国成功转型为制造强国和技术创新强国，对中国国家文化软实力的提升具有无可取代的基础性作用。

二、扣紧文化“走出去”的价值观传播主线

习近平总书记深刻指出：“核心价值观是文化软实力的灵魂……一个国家的文化软实力，从根本上说，取决于其核心价值观的生命力、凝聚力、感召力。”②加强文化软实力的对外建设，本质上就是要对外展示当代中国核心价值观的蓬勃“生命力”和强大“感召力”。因此，推动中国思想文化“走出去”，必须扣紧价值观传播这一工作主线。对外传播中国价值观，不是要像西方少数霸权国家那样进行对外文化侵略与价值观输出，而是要在文化多元多样的全球文明生态中积极展示中国精神的斑斓价值，从而在彼此尊重的基础上交流互鉴、推动各文明体的和谐健康发展。

---

① 参见《中国国家形象全球调查报告（2014）》，《中国文化报》2015年3月24日。

②《习近平谈治国理政》，外文出版社2014年版，第163页。

对外传播中国价值观，要打破国际价值观传播领域里西方国家长期垄断的话语霸权。信奉“文明冲突”理论、强调“国强必霸”逻辑，是西方文明长期以来牢固执守的文化偏见。近代以来，西方诸强更是携武力之威，以“唯我独尊”的心态，通过血与火的战争向世界传播西式理念，以图“按照自己的面貌为自己创造出一个世界”①。当历史积淀深厚、文明传承悠久的中国以不同于西方的模式探索现代化的实现路径时，固守传统“冲突”思维的西方学者、政客就常常喊出“中国发展是威胁、不发展也是威胁”这种“异己”的存在本身横竖都是“威胁”的谬论。② 面对这一局面，对外发出“中国声音”、传播“中国价值观”，就是要打破西方国家对世界各民族普遍追求的“现代化模式”之解释霸权，打破西方国家对“民主”“正义”“自由”等人类共同价值理念的定义权。

争夺价值传播话语权，最重要的是我们能够立足中国实践，从理论层面增强对“中国道路”“中国模式”的总结、提炼与阐释力度。当代中国大地上充盈着属于中国人自己的原创性实践、独创性做法，并持续取得了有目共睹的独特发展成就。但是，且不说西方人依照自己的思维对“中国模式”充满重重歪曲、误读，就是中国自己的部分知识分子从理论上审视、思考中国实践时所运用的概念、逻辑和思维框架都依然“很西方”，从而将中国实践的解释权、话语权拱手相让。

---

①《马克思恩格斯选集》第1卷，人民出版社2012年版，第404页。

② 2015年中国国家主席习近平访美前夕，美国宾夕法尼亚大学东亚研究中心主任德利勒揭示了当前美国国内一部分人中泛起的对华“恐惧、愤怒和担心”的极端心理：“现在人们担心，唯一比‘中国做得太好’更加糟糕的事情就是中国做得不够好”，“如果北京做得太好，它就是一个威胁。如果中国做得不好，它也是一个威胁”。参见《境外媒体：中美欲通过深入对话摆脱“噪音”》，《参考消息》2015年9月22日。

因此，争夺价值观传播话语权，必须提升理论创新意识。而要提升理论创新意识，首先应自觉增强我们的道路自信和制度自信、理论自信、文化自信；其次要在融通古与今、中与外的基础上进行话语创新，并运用自己的新范畴、新概念、新表述讲清中国道路与当代中国价值观的文化渊源与演进脉络，讲清当代中国人选择这一发展道路的历史背景与逻辑必然，讲清中国模式、中国理论对当今世界和平发展所具有的积极促进意义和重要借鉴价值。唯有如此，我们向世界发出的“中国声音”才有浑厚的底气，我们向世界传播的中国价值观才能够坚实挺立，我们导向世界的中国文化，才真正富有吸引、影响异域民众的魅力。

三、坚持传播内容与形式的“多样化”原则

文化是人的创造物，是人区别于动物的重要属性。文化存在于人的衣食住行等生产生活的各个方面。人在社会实践中所创造的文化，有着丰富多彩的内在意涵和千姿百态的呈现形式。因此，在中国思想文化“走出去”进程中扣紧价值观传播的主线，并不意味着我们要单纯地“就价值观说价值观”，而是应注重撷取“多样化”的表述内容以及世人所喜闻乐见的丰富表达方式。

坚持传播内容的“多样化”，要求我们既努力打造阐释中国价值观的理论精品、学术名典，走“阳春白雪”的高端化路线，从而掌握国际价值观传播的学术话语权；又要多方展示具有中国特色、中华风韵的生活文化和百姓文化，走“下里巴人”的大众化路线，以培育中国文化在海外传播普及的民意基础。一般而言，精深的学术思想和复杂的观点争论，或难以在不同的文化土壤间、思想流派间取得共识性结论；但通俗的生活文化却容易在世人心中引起共鸣，从而激发人

们对异域文化的善意。声誉远播海外的中华饮食文化，就是我们在价值观传播中值得借助的重要生活文化。《舌尖上的中国》正是通过讲述中国百姓的饮食习惯和饮食文化而引起了世人的关注热情。创作者们在展示一道道美味的同时，把普通中国百姓的勤劳、善良等优秀品格不着痕迹地渗透其中，在节目取得巨大成功的同时，也把中国价值观播向了世界。此外，调查显示，在西方发达国家的民众所渴望了解的中国信息中，“传统文化”高居榜首。[①] 因此，文化“走出去”实践中我们还应当着力展示的另一重要内容就是我们的优秀传统文化。只是在讲述历史和传统时，我们要注意立足当代中国的先进文化来创造性地转化传统文化，注意用优秀传统文化的元素和符号来彰显当代中国的主流价值理念。

坚持传播形式的“多样化”，就是在始终确保“政府主导”原则的基础上，充分发挥企业、高校、民间组织、中资机构等的力量，积极开展各种形式的文化交流活动，共同推动当代中国文化的对外传播。国家文化软实力的建设，是一个复杂的系统工程。坚持“政府主导”原则，决不意味着完全由政府出面来“包打天下”。“主导”之“导”，主要关涉文化“走出去”的方向性问题、原则性问题。在新时期的文化“走出去”实践中，我们应进一步探索如何更有创造性地采取商业往来的形式、民间友好交往的形式、高校学术交流的形式等来协同推进中华文化的对外传播工作。

四、坚持文化走出去的“本土化”原则

对外传播中国文化，就是引导世人走近、接触、了解中国文化，

---

① 参见《中国国家形象全球调查报告（2014）》，《中国文化报》2015 年 3 月 24 日。

进而使其尊重、欣赏乃至认同中国文化，也就是让中国文化的种子在异域文化的土壤上能够生根发芽、开花结果。“生根”的前提，是走出去的文化首先能够“落地”。这就要求我们讲述、传播的中国文化在内容和形式上能够“接地气”。此即跨文化传播实践中的“本土化”要求。美国人类学家格尔兹曾将一个民族、一个地域的文化比喻为一张地图，并认为每个国家和民族都站在某一张以自己为中心的文化地图上去观照其他地区的异文化，并产生出许多对其他国家和民族的形象文本，以此来认识和对待异文化。格尔兹的这一认识体现了其对跨文化传播现象的内在本质的深刻洞见。事实上，近年来外界人士之所以关注中国文化、并在国际上掀起了一股“中国文化热”，其原因并不是由于世人对中国文化产生了普遍的猎奇心理，他们真正关注的是中国文化对其自身文化所具有的潜在启益价值。我们推动中国文化“走出去”，也正是借助世人对中国文化的这一关切，在积极展示中国文化的世界价值之同时，培养世人对我文化理念和价值观念的温情与敬意。

坚持中国文化对外传播的“本土化”原则，最重要的一点就是要根据异域民众的文化特点、思维方式和表达习惯进行中国文化对外表述的话语体系转化。俗谚谓“到哪山头，唱哪山歌”，对外传播中国文化不能不看对象地自说自话，而是要首先学习、研究对方的文化和习惯，做到入乡问俗、入乡随俗。习总书记在坦桑尼亚向非洲人民发表题为“永远做可靠朋友和真诚伙伴”的演讲时，开场一句热情的“哈巴里”所展现的亲切、友好形象，就使中非人民的心灵紧紧地贴在了一起；他在柏林发表演讲而援引“山和山不相遇，人和人要相逢”的德语俗谚时所传达的真诚和善意，亦即刻感染了在场的每一位听众。这些生动的例子都是文化传播中注重话语体系“本土化”的典范。实现“中国话语”的本土化转换，除要学习研究异域民族的语言文化之外，还应注重借助异域的人才资源，实现中国文化传播主体的“本土化”转换。因为本土化人才与广大受众的心理更贴近，对本土受众的文化需求、表达习惯更熟稔。诺贝尔文学奖评委、瑞典学院院士马悦然教授直截了当地指出：“一个中国人不论他的英文有多好，都不应把中国文学作品翻译成英文，要翻译应找一位文学修养很高的英国人,因为他知道怎么更好地表达。”① 此论揭示的正是“本土化”人才对中国文化的国际传播所具有的重要作用。

坚持中国文化对外传播的“本土化”原则，不仅要实现文化表达方式和传播人才的“本土性转换”，还应努力推动文化传播载体与路径的本土化。在当前的文化“走出去”实践中,我们十分注重“自己”的发声渠道——如新闻媒体等——的“走出去”建设，注重国家主流媒体的海外覆盖率、落地率。这一举措从长远而言是非常必要的。但是，受接受习惯的影响，对一个国家绝大多数的普通民众而言，其据以接触、了解外来文化的载体和路径，一般还都是本土性的传播媒介。比如，西方主流媒体借助其强大优势在中国的落地建设进行得再好，中国街头的大多数老百姓也还是靠我们自己国家甚至是自己所接触的地方媒体来感知世界。中国外文局等发布的《中国国家形象全球调查报告（2014）》也有力地证实了这一点。数据显示，海外民众主要是通过当地媒体了解中国，其中最为受访者青睐的是“当地传统媒体”（有 57% 的受访者选择这一渠道）,其次是“当地新媒体”（有 40% 的受访者选择该渠道）。② 这就要求我们对外传播、推介我们的文化内容和文化产品时，应大力借用本土性的传播载体、打开本

① 周蔚华、钟悠天：《中国出版走出去要有六个转向》,《中国出版》2014 年第 7 期。

② 参见《中国国家形象全球调查报告（2014）》,《中国文化报》2015 年 3 月 24 日。

土化的发布渠道与推广路径。

五、坚持文化传播“人人参与”原则

向世界传播中国文化，就是对外塑造中国形象、展示中国魅力，提升中国文化的吸引力和影响力。此一过程，除需充分发挥政府的主导作用及市场的参与、调节作用外，还应依靠千万民众的积极配合。据国家旅游局统计，2014年中国内地公民出境旅游人数突破1亿人次①，而全年入境旅游人数则达1.28亿人次②。仅中美两国之间，每天都有约1万人往返太平洋两岸。曾任美国新闻总署署长的默罗说：“文化传播的决定性因素，是那最后三英尺，也就是面对面的对话。”③因此，无论我们在国家层面投入多么巨大的财力支持，无论我们通过多么丰富的渠道、方式和策略对外传播中国文化，无论我们阐释中国精神和中国价值观的作品多么美好、文字多么迷人，如果在中外民众之间进行“最后三英尺”的亲身接触和交流时，我们不能使世人感受到我们身上的文明气质与友善风度，那么中国文化的吸引力、中国形象的影响力，均将失去据以挺立的根基。因此，对外传播中国文化，有赖于全体华人树立“人人参与”的自觉意识和担当精神。

坚持文化走出去“人人参与”原则，首先要求全民自觉培育践

---

① 参见《内地公民出境旅游首次突破1亿人次》，《经济日报》2014年12月3日。

② 王兴斌：《2014年入境旅游市场有忧有喜》，《中国青年报》2015年2月12日。

③［日］渡边靖著，金琮轩译：《美国文化中心：美国的国际文化战略》，商务印书馆2013年版，第60页。

行社会主义核心价值观。在近世以来的现代化进程中，我国是一个后发国家，加之中外文化在风俗、习惯上的差异，部分中国人在海外旅行时给当地人留下过一些不太好的印象。瑞士的火车为中国人开通旅游专列，德国的餐厅为中国人独辟用餐专区，泰国的寺庙则禁止中国人使用其部分厕所。这些现象都值得我们认真反思。一个国家的形象，体现在其具体国民的形象之上；而一个人的外在形象，取决于其内在的基本素质。文化软实力的形成和彰显，有赖于生活于此种文化之下的国民在精神素养上映衬这种文化。因此，中国国家形象的“外在塑造”，必须与全体国人自我品格的“内在修养”结合起来。这就要求我们从每一个人开始，从身边的每一件事开始，以高度的文化自觉，把当代中国的主流价值观真正内化于心，并通过我们平时生活和日常工作中的一言一行、一举一动，向世界彰显一个文明大国的国民所应具有的开放精神、包容胸襟、磊落风范和亲善魅力。

坚持文化走出去“人人参与”原则，还需要我们充分发挥海外华人华侨的积极作用。据统计，目前海外华人华侨有 6000 多万，分布在世界 198 个国家和地区。① 广大侨胞在海外奋斗、拼搏，并积极融入当地社会的过程，本身就是中国文化在当地艰难实现“本土性转化”的一个缩影和范例，他们可谓是中国文化“走出去”的先行者和开拓者。而且，无数侨胞虽身处国外，但却时刻心系着祖国的发展进步和祖国融入世界的进程。中国文化迈出国门、走向世界、在国际舞台上展示自身的独特影响力，实为广大海外侨胞的真诚期盼。这就意味着我们不仅可以、而且应当团结好遍及世界各地的广大爱国侨胞，奏响传播中国文化的国际交响乐。

---

① 参见《国侨办主任：华人华侨有 6000 多万人，中国梦最能够凝聚共识》，《人民日报》2014 年 3 月 5 日。

伍

文化自信的价值支撑

价值观在文化体系中的这种独特地位与功用，决定了其在文化体系中的核心意义，也使得价值观的自信，成为文化自信的内核。

文化强国，首在强魂。魂，即核心价值观。价值观自信与文化自信、与成就文化上的强国之间的这种内在关联，启示我们在文化强国建设的进程中，要把弘扬践行社会主义核心价值观、不断增强中华民族的价值观自信摆在战略位置，强劲地确立起社会主义文化强国建设的价值观主轴，夯实我们走向文化强国的价值观基础。

社会主义核心价值观不是空凭义理赏析的辞藻，而是需要实际践履的理念；不是用以为现实辩护的饰语，而是用以鉴照现实的“镜子”、引领发展的“恒星”。社会主义核心价值观在建设实践中的实现程度越深刻、越广泛，生命活力也就越强，也便越能够深入人心，为人们自觉持守。

文化自信之核是价值观自信

成为文化上的强国，重享中华民族在文化方面的光荣与梦想，是中国特色社会主义建设的重要战略目标，是中华民族真正实现复兴的内在条件和重要标志。一个国家和民族的文化之强，既表现为其文化创新程度、发展高度、影响力度等在国际文化格局中超拔于世的客观态势，也表现为其所具有的先进的文化精神、强大的文化自信。作为文化发展中的集体精神状态，一个国家和民族的文化自信状况，现实地反映着并深深地影响着其文化发展的实际进程和客观态势。古往今来，每一文化盛世的出现，都得益于并强化着相应的文化自信。没有或不能确立强大的文化自信，一个国家和民族的文化发展，便不可能有走向兴盛的底气与骨气、实现奋起的激情与活力，便会陷入失却“文化自我”的迷茫与焦虑，更无缘在文化发展的制高点上指点江山、激荡文字。

文化自信有着多方面的构成与表现。对自我文化发展历史与现实的理性认知，对已有文化成就的礼敬自豪，对当下文化发展道路的清晰与自觉，对自我文化创新能力的关注与确信，对未来文化前景的希望与信心，这些都是构成文化自信的重要维度、关键因素。而在文化自信的系统构成中更具核心意义，对文化自信的诸多构成维度、因素具有统摄意义的，则是价值观的自信。

文化的核心是价值观。人们据之以观世界、虑人生、辨善恶、别曲直、识美丑，也以之为向心凝聚、一体认同、创新创造的依据和向导。任何一种文化体系的性质，都由其内含的价值观决定、表征；任何一种文化体系的魅力，都由其内含的价值观培育、彰显；任何一种文化体系的发展，也都由其内含的价值观规约、引导。价值观在文化体系中的这种独特地位与功用，决定了其在文化体系中的核心意义，也使得价值观的自信，成为文化自信的内核。价值观的自信，是一个国家和民族在推进文化发展的进程中有所依循、知所趋止、顽强进取的定力与韧性所在，也是一个国家和民族面对各种文明创造、文化滋养择善而纳、从容吞吐的气度与尺度所在。价值观自信的失落，会使一个国家和民族缺乏文化前行的定力、韧力、激情与从容，要么拜倒在异质文化的脚下不能自立，要么昧于世界文明潮流甘于自闭，要么茫然四顾迷失自我不知所向。在如此之类的状态下，文化的安全都将无由保障，更遑论文化的繁荣与强盛。

概言之，文化强国，首在强魂。魂，即核心价值观。价值观自信与文化自信、与成就文化上的强国之间的这种内在关联，启示我们在文化强国建设的进程中，要把弘扬践行社会主义核心价值观、不断增强中华民族的价值观自信摆在战略位置，强劲地确立起社会主义文化强国建设的价值观主轴，夯实我们走向文化强国的价值观基础。

一、增强价值观自信，需要我们用好理论的力量

当今世界，文化的交流、交融、交锋无时不在，软实力的竞争和价值观的较量愈演愈烈。不少国家竭力抢占价值观的高势位、鼓吹自己价值观的普世意义；不少文化体系着力于话语权之争，意图掌控价值观领域相应核心概念、范畴的定义权；不少具有鲜明意识形态色彩的理论学说纷纷假以学术的面目行销全球。身处这一复杂而激烈场域中的我们，要增进自己的价值观自信，必须基于扎实的理论建设，把各种形貌的价值观“辨清”，把我们自己的价值观“讲透”。“辨清”各种形貌的价值观，重点是准确把握西方热衷于推销的有关学说与价值观的理论实质、来龙去脉、表现形态，辨清其赖以生成的现实条件、社会生态及其实践命运、理论局限，不雾里看花，不一味盲从，不简单移植。“讲透”我们自己的价值观，不仅要讲透中国人自己的价值观对于中国人精神独立性的意义、对于中华民族凝魂聚气实现复兴的意义、对于个体发展与百姓福祉的意义，而且要立足于当今时代价值观的制高点、科学社会主义的基本原则、中国历史进程与当下发展的独特性，讲透我们核心价值观的社会主义特质、民族特性、中国特色、时代特征及其先进性；善于用中国的思想智慧、中国的话语体系阐述当代中国人的核心价值观，善于在不同文明、不同价值观的国际对话中展现、传播好当代中国价值理念的义理与意义，以理论的彻底性为全民族价值观的自信提供有力支撑。

二、增强价值观自信，需要我们用好实践的力量

社会主义核心价值观不是空凭义理赏析的辞藻，而是需要实际

践履的理念；不是用以为现实辩护的饰语，而是用以鉴照现实的“镜子”、引领发展的“恒星”。社会主义核心价值观在建设实践中的实现程度越深刻、越广泛，生命活力也就越强，也便越能够深入人心，为人们自觉持守。中华人民共和国成立以来特别是改革开放以来的发展事实，无疑是社会主义核心价值观生命力的确证，是增进人们价值观自信的重要因素。当代中国人共同创造的发展奇迹，自然值得当代中国人引为自豪、添增自信。同时也应看到，全面深化改革，勇敢革除时弊，把促进社会公平正义、增进人民福祉作为一面镜子，审视我们各方面体制机制和政策规定，依循我们的核心价值观坚定地向前走，同样是价值观自信的重要体现。“我们全面深化改革，是要使中国特色社会主义制度更好；我们说坚定制度自信，不是要固步自封，而是要不断革除体制机制弊端，让我们的制度成熟而持久。”①改革发展已经取得的成就、全面深化改革的新进程，都蕴含着有利于人们价值观自信增进的实践的力量。用好这些教育因素，创新方式方法，提升宣传教育实效，是增进人们价值观自信的重要路径。更广泛而言，实践本身也便是一种教育的力量。人人都是弘扬践行核心价值观的主体，是推进社会主义建设事业的主体。在宏伟壮阔的建设实践中，在社会主义核心价值观的要求不断转化为生动现实的进程中，人们终将炼就价值观自信的品质，成为社会主义核心价值观的坚定信守人与积极践行者。

三、增强价值观自信，需要我们用好文化的力量

文化的核心是价值观，价值观的重要滋养在文化。增进价值观自信，离不开优秀文化资源的酯酿。在漫长的历史进程中，中华民族

①《习近平谈治国理政》，外文出版社2014年版，第106页。

创造了辉煌灿烂的文化，也形成了与之相应、独具民族气质的价值观。优秀的传统文化及其内蕴的价值观，承载着中华民族的精神基因，是社会主义核心价值观的文化之源，也是支撑我们价值观自信的底气与底蕴。我们应当通过创造性转化，让优秀的传统鲜活于当下，为社会主义核心价值观涵养发达的文化根系。在增强价值观自信中用好文化的力量，还要求我们以开放的气度、博大的胸怀对待外域民族的优秀文化成果。自信不是自闭自恋，不是浮扬虚骄，而是与虚怀若谷、开放洞达相为一体。“自信与虚心，相反而相成者也。人之能有自信力，必其气象阔大，其胆识雄远……故愈自重者愈不敢轻薄天下人，愈坚忍者愈不敢易视天下事。”① 在广泛的文化交流互动中自主地择善而从、含菁咀华以为我用，我们方能于世界文明之巅览众山之小、观气象万千。增强价值观自信，还需要我们用好当代中国新文化的力量。社会主义核心价值观，是中国特色社会主义文化的精神之核。这种价值观的自信，得益于对优秀传统的继承弘扬、对外域文明的会通超越，更增进于当代中国社会主义新文化的兴盛发展。这就要求我们在承古汲外的基础上，激发全民族的文化创造活力，推动中华文化的创新性发展，创造中华文化的新辉煌。中华文化创新性发展的状况，直接关乎我们文化自信与价值自信的程度，也直接标示着我们走向社会主义文化强国的里程。

① 易鑫鼎编:《梁启超选集》下卷，中国文联出版社 2006 年版，第 545 页。

软实力的价值之轴

在软实力竞争日趋激烈的世界图景中，在社会民众思想文化需求日趋上扬的现实推动下，国家文化软实力的提升问题也正日益成为当代中国发展面临的重大理论和实践课题。那么，当代中国提升国家文化软实力的战略支点到底在哪里？如果我们对当今世界软实力竞争的核心和本质等问题进行深入探索，便会发现，软实力竞争的核心是文化软实力的竞争，本质是价值观的较量。与此相应，支撑起强大软实力的主轴，归根结底，不是纷繁多样的文化业态，而是文化的内核即价值观。在当代中国，提升国家文化软实力，必须将社会主义价值体系的建设放在首要位置。这是当代中国文化软实力提升的主轴和根本战略支点。

一、软实力竞争的本质是价值观的较量：理论的逻辑

“软实力”概念的最初提出者及系统阐发者，是美国学者约瑟

夫·S. 奈（Joseph S. Nye）。他曾任美国助理国务卿、助理国防部长和国家情报委员会主席、哈佛大学肯尼迪政府学院院长，是美国新自由主义国际关系理论的重要代表人物之一。软实力竞争的核心是文化软实力的竞争，本质是价值观的较量，是约瑟夫·S. 奈软实力理论的基本思想逻辑。

约瑟夫·S. 奈对“软实力”理论的系统阐发，集中呈现在他先后出版的《美国定能领导世界吗》（*Bound to Lead*，1990）、《美国力量的悖论》（*The Paradox Of American Power*，2001）和《软力量——世界政坛成功之道》（*Soft Power*：*The Means to Success in World Politics*，2004）等论著中。在这些著作中，约瑟夫·S. 奈对软实力到底是什么，并没有一个一以贯之、清晰明确的定义。但综观其论著，不难看出，在约瑟夫·S. 奈眼里，所谓“软实力”，即以吸引为手段、以同化为目的的影响力。

约瑟夫·S. 奈将“软实力”概括为一种能够影响他人喜好的影响力，同时对这种影响力的特性反复进行过界说。他认为，与依靠威胁或报酬等产生的影响力不同，软实力“是通过吸引而非强迫或收买的手段来达己所愿的能力”①。对于这种影响力，约瑟夫·S. 奈又名之以“同化权力”（co-optive power）②。他指出：“同化性力量是一种能力，根据这一能力，一个国家可创造出一种环境，使其他国家能模仿该国的方式来考虑自己的发展，确定自己的利益”③；“力量的这

① ［美］约瑟夫·S. 奈著，吴晓辉、钱程译：《软力量——世界政坛成功之道》，东方出版社 2005 年版，前言第 2 页。

② ［美］约瑟夫·S. 奈著，约瑟夫·S. 奈、门洪华编，门洪华译：《硬权力与软权力》，北京大学出版社 2005 年版，第 106 ～ 107 页。

③ ［美］约瑟夫·S. 奈著，何小东、盖玉云等译：《美国定能领导世界吗》，军事译文出版社 1992 年版，第 158 ～ 159 页。

一方面，即：使人随我欲，可称为间接的或者同化式的实力表现。这与用主动命令的方式使他人随我的意志而行动的实力表现形成鲜明对比。同化式实力的获得靠的是一个国家思想的吸引力或者是确立某种程度上能体现别国意愿的政治导向的能力”。[①] 可见，没有影响力，就没有软实力；不以吸引为手段的影响力，不是软实力；不能产生同化性作用从而左右他国意愿与喜好的吸引力，也还不是软实力。只有影响力、吸引力、同化力叠合在一起的那种能力，才真正是约瑟夫·S. 奈所谓的“软实力”。

那么，软实力从何而来呢？约瑟夫·S. 奈提出了另外一个概念，即“软实力资源”。在其软实力理论体系中，“软实力”即由“软实力资源”转化而来。在约瑟夫·S. 奈看来，软实力资源最主要地体现为三个方面，即文化、价值观和外交政策。讲到作为软实力资源的“外交政策”时，约瑟夫·S. 奈曾专门说明，这种政策能否“被视为具有合法性及道德威信”[②]，是其能否成为软实力资源的基本条件。而外交政策能否被视为具有合法性及道德威信，归根到底也是一个文化和价值观的问题。所以，虽然约瑟夫·S. 奈反复从三个方面论述软实力资源，但实际上，在他的心目中，文化和价值观无疑是基本的软实力资源。正因如此，在对软实力概念的解释中，约瑟夫·S. 奈也曾直截了当地将软实力概括为“源于文化和价值观念……的吸引力”[③]。

而在任何一种文化体系中，价值观无疑都扮演着文化核心的角

① [美] 约瑟夫·S. 奈著，何小东、盖玉云等译：《美国定能领导世界吗》，军事译文出版社 1992 年版，第 25 页。

② [美] 约瑟夫·S. 奈著，吴晓辉、钱程译：《软力量——世界政坛成功之道》，东方出版社 2005 年版，第 11 页。

③ [美] 约瑟夫·S. 奈著，约瑟夫·S. 奈、门洪华编，门洪华译：《硬权力与软权力》，北京大学出版社 2005 年版，第 6 页。

色，决定着文化的根本性质、基本气质与深层意义世界，“决定文化实体内人们对理性、感情体验的深刻意义、想象的丰富和信仰的深度的需求”，因此，“归根结底，文化是受价值引导的体系”[①]。约瑟夫·S.奈同样看到了文化与价值观之间的这种内在关联，并基于其对这种内在关联的把握，将文化概括成“为社会创造意义的一系列价值观和实践的总和”[②]。也正是基于其对文化与价值观之间这种内在关联的把握，约瑟夫·S.奈在将文化和价值观视为最基本的软实力资源的同时，实际上也点破了价值观在各种软实力资源中的首要性、根本性。任何一种软实力资源，之所以能够生发出吸引人甚或“同化性”的魅力，成其为软实力资源，在于它所蕴含的价值观，在于它所蕴含的价值观所具有的能够激发起人们激情、渴望和梦想的力量。

正因如此，约瑟夫·S.奈反复论述价值观在软实力中的意义。一方面，软实力因价值而生。约瑟夫·S.奈指出：“一个国家有可能在国际政治中获得其所期望的结果，是因为其他国家仰慕其价值观，模仿其榜样，渴望达到其繁荣和开放的水平，从而愿跟随其后”[③]；“如果你能让他人仰慕你的观念，想你所想，你就用不着大张旗鼓地用胡萝卜加大棒驱使他们朝你的方向前进。诱惑往往比强迫更有效，诸如民主、人权和个人机会等价值观的诱惑力很深”[④]，“如果领袖代表

---

①［美］E.拉兹洛，闵家胤摘译：《文化与价值》，《世界哲学》1986年第1期。

②［美］约瑟夫·S.奈著，吴晓辉、钱程译：《软力量——世界政坛成功之道》，东方出版社2005年版，第11页。

③［美］约瑟夫·S.奈著，吴晓辉、钱程译：《软力量——世界政坛成功之道》，东方出版社2005年版，第5页。

④［美］约瑟夫·S.奈著，吴晓辉、钱程译：《软力量——世界政坛成功之道》，东方出版社2005年版，前言第2页。

着他人愿意追从的价值观，领导起来就省事多了”①。另一方面，软实力以价值为用。软实力作用的发挥过程，归根结底，即价值吸引的过程。约瑟夫·S. 奈强调，软实力“使用的是不同的手段（既非武力，亦非金钱）来促进合作，即由共同的价值观产生的吸引力，及为实现这些价值观做贡献的正义感和责任心”②。软实力作用得以实现的标志，正是价值的趋同、共享价值的形成，即约瑟夫·S. 奈所谓的“同化”，且其所谓的“同化”，所要“化”的不是其他，而是最深层的价值观。

概言之，以价值观为内核的软实力资源——由价值观产生的吸引力及为实现这些价值观做贡献的正义感和责任心——价值观的同化即软实力作用的实现，这正是约瑟夫·S. 奈软实力理论的主脉，也是其软实力理论内在的基本分析框架。基于这一基本分析框架，以确保美国在新的世界格局中仍然能够“注定领导”为出发点而构建“软实力”理论的约瑟夫·S. 奈，在提出观察国家实力新视角即“软实力”视角以及不断丰富其软实力理论的整个过程中，都始终关注着价值观在美国软实力中的意义。对于美国软实力的发展变化，约瑟夫·S. 奈的评价时抑时扬。但抑扬之中，始终不变是其对美国价值观的肯认；且其是扬还是抑，均以其心目中的美国价值观是得以持守还是疏离为基本尺度。之所以如此，是因为，在约瑟夫·S. 奈看来，美国的价值观是美国力量的根本源泉，“能够激发别人的梦想和渴望”③。与此相

---

①［美］约瑟夫·S. 奈著，吴晓辉、钱程译：《软力量——世界政坛成功之道》，东方出版社2005年版，第6页。

②［美］约瑟夫·S. 奈著，吴晓辉、钱程译：《软力量——世界政坛成功之道》，东方出版社2005年版，第7页。

③［美］约瑟夫·S. 奈著，吴晓辉、钱程译：《软力量——世界政坛成功之道》，东方出版社2005年版，第8页。

应，他明确提出价值观是无形的国家利益，反复强调美国要努力增加并有效利用源于其根本价值观的力量而非卖空其价值观①。2004年，在其阐发软实力理论的集大成之作《软力量——世界政坛成功之道》中，面对美国单边主义的盛行，约瑟夫·S. 奈同样大谈价值观对于美国软实力、进而对于美国实力的意义："只要官方的内政外交遵从于民主、人权、开放和尊重他人意见等价值观，美国就能从全球信息化时代的趋势中受益，但美国的傲慢可能会险些掩盖其价值的更深层次信息。……在信息时代，美国文化的潮起潮落依旧有助于产生软力量，但政府的行动也至关重要，仅靠美国之音、福尔布莱特奖学金还不够，更重要的是要让政策避免骄傲自大，并立足于他人所钦慕的价值上。信息时代的大趋势对美国有利，但前提是我们得学会停止践踏我们最好的信息。"②显然，"最好的信息"即约瑟夫·S. 奈眼中的美国价值观。

二、软实力竞争的本质是价值观的较量：现实的图景

软实力竞争的核心是文化软实力的竞争，本质是价值观的力量，不仅是约瑟夫·S. 奈软实力理论贯穿的基本思想逻辑，而且也是当今世界软实力竞争的真实图景。

正因为软实力竞争的核心是文化软实力的竞争，所以，在当今世界的软实力竞争中，文化软实力的竞争越来越成为软实力竞争的焦点所在，成为软实力竞争的基本形态。在约瑟夫·S. 奈首次提出软实

① 参见［美］约瑟夫·S. 奈著，郑志国等译：《美国霸权的困惑：为什么美国不能独断专行》，世界知识出版社2002年版，第11页。

②［美］约瑟夫·S. 奈著，吴晓辉、钱程译：《软力量——世界政坛成功之道》，东方出版社2005年版，第30～31页。

力理论两年之后，时任美国总统布什即在1992年9月10日发布的《美国复兴日程》中指出：我们的政治和经济联系由于美国文化对世界的吸引力而得到补充。这是一种新的我们可以利用的软实力。这一阐述同样揭示了软实力竞争与文化软实力竞争之间的内在关联。

也正因为软实力竞争的本质是价值观的较量，所以，欲以软实力制胜的国家，无不看重价值观的意义，无不借重价值观的作用。对于美国而言，注重价值观建设、抢占价值观的舆论制高点，努力把持价值评判的话语权，乃至积极推进价值输出，均是其强化自身软实力、推进软实力竞争的重要方面。

注重价值观建设。基于对软实力因价值而生的坚信，价值观的建设自然成为关注美国软实力的人们所关注的极其重要的方面。实际上，任何一个社会的运行，都离不开相应价值体系的凝聚与推动。在美国，从价值的角度来界说美国，更有着久远而丰富的思想传统。诸如“成为一个美国人是一种理想，成为一个法国人则是一个事实”①，“美国是根据某种政治理想构建出来，并受着自由平等承诺或梦想的激励”②等言论，都是这种思想传统的具体体现。而且，不少美国人在将自己的国度视为“因价值而生”的同时也强调自己的国度“因价值而兴”。曾任美国总统的尼克松强调美国的影响并非来源于其军事或经济实力，“而是来源于我们的理想，以及这些理想在世界其他地方获得成功而形成的巨大魅力。在历史上，我们是唯一不依靠军

① 卡尔·弗里德里希（Karl Friedrich）语。转引自［美］塞缪尔·亨廷顿著，周端译：《失衡的承诺》，东方出版社2005年版，第34页。

② ［美］塞缪尔·亨廷顿著，周端译：《失衡的承诺》，东方出版社2005年版，第11页。

队的力量而凭借理想的力量登上世界舞台的大国”①。曾任美国总统的卡特也在其著作中反复阐述价值和道德的因素对于国家实力的意义，指出：“一个国家之所以有权威和影响，是因为道德因素，而不是军事实力；是因为它的谦卑而不是傲慢无礼；是因为我们的国家和人民愿意为别人服务而不是控制别人。一个没有道德的国家很快就会失去它在全世界的影响。”②约瑟夫·S. 奈关于价值观与软实力、美国价值观与美国软实力内在关联的丰富论述，与这些思想观念也是相互因应的。这些思想观念，既为美国高度注重价值观的建设提供了前提性论证，实际上也是美国高度注重价值观建设在思想观念层面的反映。在现实生活中，美国“教育制度和公共习惯浸透了公民学方面的训诲以及有关效忠的誓言”③，自由、民主、正义等“这些核心价值被庄严地载入了两个世纪以来的公民教育、独立日演讲、就职演说、诗歌、国歌、宣誓和各种教义中。它们亦被刻进了市镇广场花岗岩和大理石塑像底座的纪念碑文，全美到处皆是，数之不尽”④。在美国，之所以“自由民主精神占领着制高地”，“不被美国信念所涵盖的政治理念和信仰只能处在美国社会和美国意识的边缘”⑤，“在整个历史中，美国人都信奉同一套核心价值观。他们围绕其意义、实践和履

①［美］理查得·尼克松著，杨鲁军等译：《1999：不战而胜》，三联书店上海分店1989年版，第301页。

②［美］吉米·卡特著，汤玉明译，刘亚伟校：《我们濒危的价值观——美国道德危机》，西北大学出版社2007年版，第51～52页。

③［美］卢瑟·S. 利德基主编，龙治芳等译：《美国特性探索》，中国社会科学出版社1990年版，第11页。

④［美］安玛丽·斯劳特著，马占斌等译：《这才是美国：如何在一个危险的世界中坚守我们的价值》，新星出版社2009年版，第2页。

⑤［美］塞缪尔·亨廷顿著，周端译：《失衡的承诺》，东方出版社2005年版，第17～18页。

行而争吵，但从来没有对这些原则本身提出严重质疑”①，与其价值观建设的推进是不无关系的。

抢占价值观的舆论制高点。在推进价值观建设的同时，抢占价值观的舆论制高点，也是以美国为代表的西方国家推进软实力竞争的重要方面和重要手段。抢占价值观舆论制高点的重要举措，即将自己的价值观标榜为普世价值，“赋予自己的思想以普遍性的形式，把它们描绘成唯一合乎理性的、有普遍意义的思想”②，极力抬高自己的“价值势位”。约瑟夫·S. 奈便不仅是软实力理论的“大师”，同时也是将美国价值观美化为普世价值观的鼓吹者。其软实力理论中有一个基本的命题，即只有那些具有普世性的价值观才能产生软实力。约瑟夫·S. 奈指出：“当一个国家的文化涵括普世价值观，其政策亦推行他国认同的价值观和利益，那么由于建立了吸引力和责任感相连的关系，该国如愿以偿的可能性就得以增强。狭隘的价值观和民粹文化就没那么容易产生软力量。”③“全球信息时代的政治游戏显示，软力量的相对重要性会增加。在信息时代有较大吸引力从而赢得软力量的国家，当属那些拥有多重沟通渠道来帮助其分析问题的国家；那些本国主导文化和思想与流行的全球规则（当前所强调的是自由主义、多元主义及自主）相接近的国家；以及那些信誉随其国内和国际的价值观以及政策而增强的国家。”④约瑟夫·S. 奈认为，信

① [美] 托马斯·帕特森著，顾肃、吕建高译：《美国政治文化》，东方出版社 2007 年版，第 6 ～ 7 页。

② 《马克思恩格斯选集》第 1 卷，人民出版社 2012 年版，第 180 页。

③ [美] 约瑟夫·S. 奈著，吴晓辉、钱程译：《软力量——世界政坛成功之道》，东方出版社 2005 年版，第 11 页。

④ [美] 约瑟夫·S. 奈著，吴晓辉、钱程译：《软力量——世界政坛成功之道》，东方出版社 2005 年版，第 30 页。

息时代的到来等条件，“对美国来说都意味着机遇，对欧洲和其他国家也是如此”①。之所以如此，即在其看来，美国价值观是普世价值观，“美国受益于其普世性的文化”②，“美国的价值观是在高度全球化的背景下运行的”③，“全球信息时代的社会潮流有助于塑造一个与美国价值观越来越亲善的世界”④，从而使得美国的软实力能够“统治着一个日不落的帝国”⑤。如此之类的宣扬美国价值观是普世价值观的论调在美国政界、学界的著作中可谓比比皆是。

努力把持价值评判的话语权。由于美国人坚信自己价值观的普世性，坚信自己的价值观处于人类价值观的“制高点”，所以，在国际事务中，总是高举着所谓的道义的旗帜，充当世界各国的“道德楷模”和国际事务的价值评判者，评点各国，指责各国。正如曾经担任过美国总统的卡特所言：“美国人向来自认拥有高尚的道德和行为准则。……长久以来，我们的国家高举人权的旗帜，让他人观摩、效仿，这就是所谓的‘自我委任的世界事务的弥赛亚角色’。”⑥于此过程中，美国往往利用自己理解的价值评判标准、自己把握的价值评判

---

①［美］约瑟夫·S. 奈著，吴晓辉、钱程译：《软力量——世界政坛成功之道》，东方出版社 2005 年版，第 30 页。

②［美］约瑟夫·S. 奈著，吴晓辉、钱程译：《软力量——世界政坛成功之道》，东方出版社 2005 年版，第 11 页。

③［美］约瑟夫·S. 奈著，约瑟夫·S. 奈、门洪华编，门洪华译：《硬权力与软权力》，北京大学出版社 2005 年版，第 193 页。

④［美］约瑟夫·S. 奈著，约瑟夫·S. 奈、门洪华编，门洪华译：《硬权力与软权力》，北京大学出版社 2005 年版，第 196 页。

⑤［美］约瑟夫·S. 奈著，吴晓辉、钱程译：《软力量——世界政坛成功之道》，东方出版社 2005 年版，第 11 页。

⑥［美］吉米·卡特著，汤玉明译，刘亚伟校：《我们濒危的价值观——美国道德危机》，西北大学出版社 2007 年版，第 101 页。

话语权向相关国家施压。美国学者威廉·恩道尔在其著作《霸权背后：美国全方位主导战略》坦言："……为了实现其目标，美国秘密情报机构利用它们精心设立的各种非政府组织作为工具，使用'违反人权'和'削弱民主'作为战斗口号。这些是 20 世纪 80 年代以来美国情报机构用来对付'不合作'政权的非常有效的'软战争'方式的一部分。他们惯用的方法是通过美国有线电视新闻网（CNN）和英国广播公司（BBC）在国际媒体上发动大规模的舆论宣传，指责对象国违反'人权'。对人权的界定，当然是他们说了算，而且他们自身不接受类似的批评。这是在美国政府控制下的游戏，从国务院到情报界，美国政府机构隐藏在一小撮极具影响力的非政府组织的背后。美国对华政策所采取的是某些人所谓的'软实力'选择。美国对中国施压的主要武器是'民主'和'人权'。这听上去自相矛盾，但在美国看来，这并不矛盾。"①

积极推进价值输出。作为一个"道德自负的国度"，美国不仅时时以道义的化身自居，而且抱着"天定命运"的使命感积极推动美国价值的输出。一如曾任美国总统的布什所声称的那样："存在着一个不容妥协、且为我们所赞成的价值体系。如果这些价值对我们的人民足够好的话，那么它们就应当对别人也足够好。"② 前文所述其努力把持价值评判的话语权，充当世界各国的"道德楷模"和国际事务的价值评判者等行径之中，便与价值输出也是紧密相连的。实际上，推动价值输出，根本着眼点即美国国家自身战略利益的需要，且与约瑟夫·S. 奈所谓的"软实力"，互为表里。没有价值输出，就没有约

① [美] 威廉·恩道尔著，吕德宏等译，顾秀林校译：《霸权背后：美国全方位主导战略》，知识产权出版社 2009 年版，第 64 ～ 65 页。

② [美] 克莱·G. 瑞恩著，程农译：《道德自负的美国：民主的危机与霸权的图谋》，上海人民出版社 2008 年版，第 7 页。

瑟夫·S. 奈所谓的“软实力”。输出价值，就是要以自己的价值塑造他人的价值世界，影响他人的喜好，左右他人的意志。约瑟夫·S. 奈讲：“十几岁孩子的家长早就知道，如果他们塑造了孩子的信念和倾向，则比仅仅依赖实际控制的权力要强大且持久。与此类似，政治领导人和哲学家早就明白，富有吸引力思想的力量、确定政治议程和决定讨论框架的能力可用于塑造其他人的倾向。影响其他国家预期的能力有可能与文化、意识形态、制度等无形的权力资源相关联。”① 约瑟夫·S. 奈建议美国政府更大力度推进的公共外交，其深层实质，也正是价值输出。约瑟夫·S. 奈讲：“国际学生通常怀着对美国价值观和制度颇为欣赏的态度回国。正如一个国际教育团体的报告所言，‘在过去的岁月里，数百万在美国留过学的人构成了我们国家了不起的善意储备。’许多留学生后来身居要职，并能对美国所看重的政策发挥影响。”②“美国每年有 50 万在各大学深造并回国的外国留学生，美国向他们以及那些在硅谷成功后回国的亚洲创业者们所灌输的美国思想和价值观越来越能达至掌权的社会栋梁。……同样，美国在劝说穆沙拉夫总统改变巴基斯坦的政策以支持美国在阿富汗的举措时，如能让他听听在波士顿地区工作的儿子的意见会有所帮助。”③ 约瑟夫·S. 奈批评美国政府用于软实力投入、用于公共外交的费用太少，但有资料表明，“1999—2006 年，美国‘使用或划拨了约 1.1 亿美元

---

①［美］约瑟夫·S. 奈著，约瑟夫·S. 奈、门洪华编，门洪华译：《硬权力与软权力》，北京大学出版社 2005 年版，第 107 页。

②［美］约瑟夫·S. 奈著，吴晓辉、钱程译：《软力量——世界政坛成功之道》，东方出版社 2005 年版，第 47 页。

③［美］约瑟夫·S. 奈著，吴晓辉、钱程译：《软力量——世界政坛成功之道》，东方出版社 2005 年版，第 13 页。

用于在中国实施与民主相关的项目'" ①。

以上四个方面，即加强价值观建设，抢占价值观的舆论制高点，努力把持价值评判的话语权，推动价值输出，共为一体，构成了美国推进软实力竞争的基本方面，也生动地展示了当今世界软实力竞争的本质所在。

三、为提升国家文化软实力确立强劲价值主轴

软实力竞争的核心是文化软实力的竞争，本质是价值观的较量，同样是我们进一步推进国家文化软实力提升应当坚持的基本判断。在党的十七大上，我们党明确做出了提升国家文化软实力的战略部署。这一战略部署，主题直接紧扣"文化软实力"，表明了我们党对当今世界软实力竞争核心问题的准确把切。在此基础上，我们应当基于对软实力竞争本质的理解，深刻认识社会主义价值体系建设在国家文化软实力提升中的重要意义，强化人们的价值自信，塑造国家的价值形象，优化价值传播的文化载体，有效推动社会主义价值体系建设，为提升国家文化软实力确立强劲的价值主轴。

凸显价值意义。应当看到，我们所讲的文化软实力，与西方学者所阐发的软实力理论是有区别的，与西方国家所推进的软实力战略也是有区别的②。我们更多的是从文化国力的角度来理解和推进文化软实力战略的，虽然也有要提高他国人们对我国文化认识水平和认可程度方面的内容，但我们提升文化软实力，绝不是要去同化哪个国

① [美] 威廉·恩道尔著，吕德宏等译，顾秀林校译:《霸权背后:美国全方位主导战略》，知识产权出版社 2009 年版，第 61 ～ 62 页。

② 参见沈壮海:《文化软实力的中国话语中国境遇中国道路》,《马克思主义研究》2009 年第 11 期。

家，让其“随我所欲”。但是，仅就文化国力的建设而言，价值体系建设仍是丝毫不容忽视的主轴。没有先进而强大的价值体系，我们无法抵挡外来的价值渗透，也无力参与国际的文化竞争；没有先进而强大的价值体系，我们不可能有强大的精神支柱，支撑起国家的强大和民族的复兴。100 多年前，梁启超曾作专文探讨中国之所以积弱而沦为“受人轻侮之国”的原因。他认为，中国积弱，源于理想、风俗、政术、近事。在文中，梁氏剖析了当时中国人“爱国之心薄弱”，认为此“实为积弱之最大根源”；剖析了当时中国人奴性、愚昧、为我、好伪、怯懦、无动等“人心风俗”之弊。通读其论，清晰可见思想之不进、民智之不启、价值之不张，在近代以来中华民族深陷被动挨打困境中所扮演的角色。梁氏尖锐地指出：“以今日中国如此之人心风俗，即使日日购船炮，日日筑铁路，日日开矿务，日日习洋操，亦不过披绮绣于粪墙，镂龙虫于朽木，非直无成，丑又甚焉。”① 虽然 110 年过去了，但是，历经了太多屈辱的中华民族必须有清晰的历史记忆，那就是，没有先进而强大的价值力量，不可能成就一个有力量的民族，一个有力量的国度。

强化价值自信。价值观能否转化为国家和民族的力量，在于这种价值观对国家和民族掌握的广度和深度。而这种掌握的前提，是这一国家和民族是否持有强大的价值自信。实际上，任何一种价值观，当它还缺乏广泛的社会信仰基础时，它只可能以一种无根的、无所依着的观念形态游移于世，而不可能成为具有强大生命力的价值观，也不可能成为国家实力的重要构成。在不同思想文化猛烈激荡的当下，价值自信的程度既受文化激荡的影响，同时也在很大程度上影响着文化激荡的方向和结果；没有价值自信的人们，在这一进程中，必然

① 易鑫鼎编：《梁启超选集》上卷，中国文联出版社 2006 年版，第 14 页。

会转化为各种形态的“价值他信”的群体。就软实力竞争的角度而言，当一种价值体系，自信尚且不足之时，遑论参与不同价值体系的较量，也自然难以产生广泛的吸引力即软实力。因此，当我们在越来越开放的境遇中推进价值体系建设的过程中，在不同价值体系越来越零距离接触、较量的态势下，价值自信的重要性也随着越来越趋凸显。在新中国即将宣告成立之际，毛泽东关于“中国人民的文化，就其精神方面来说，已经超过了整个资本主义的世界”豪迈断言的前提，即在于“中国人学会了马克思列宁主义”，在精神上已经“由被动转入主动”①。显然，这一断言既包含了对中国人民的文化中核心价值因素所发生的历史变化的准确把握，也体现了中国共产党人及中国人民对马克思主义及其所引导下的事业的价值自信。在当前，面对不同价值体系的激烈较量等崭新课题，如何强化我们的价值自信，是社会主义核心价值体系建设进程中必须着力解决好的一个重大课题。

塑造价值形象。一个在国际社会中没有良好价值形象的国家和民族，是没有强大软实力的国家和民族。与此相应，努力塑造并有力地掌控自己的价值形象，也是软实力竞争的内在要求。在历史上，中华民族曾以良好的价值形象让西方人顶礼膜拜。莱布尼茨便曾在自己的著作中盛赞中华民族的道德水平：“谁人过去曾经想到，地球上还存在着这么一个民族，它比我们这个自以为在所有方面都教养有素的民族更加具有道德修养？自从我们认识中国人之后，便在他们身上发现了这点。如果说我们在手工艺技能上与之相比不分上下，而在思辨科学方面要略胜一筹的话，那么在实践哲学方面，即在生活与人类实际方面的伦理以及治国学说方面，我们实在是相形见绌

---

①《毛泽东选集》第四卷，人民出版社 1991 年版，第 1516 页。

了。承认这点几乎令我感到惭愧。”① 他甚至提出，“鉴于我们道德急剧衰败的现实，我认为，由中国派教士来教我们自然神学的运用与实践”②。如此之类对中华民族文明程度的盛赞，至今仍然是我们提升国家文化软实力的重要资源。我们同样要看到的是，在当今信息化的时代，一个国家在国际上的价值形象，不仅涉及其在国际范围内的声誉和吸引力，而且直接与国内的价值体系及多方面的建设相互胶着，相互影响，甚至成为国内矛盾的诱发因素。在这一背景下，有效掌控自身价值形象主权的意义由此更加凸显。然而，在当今错综复杂的国际关系发展变化中，由于意识形态的偏见以及多种复杂的原因，刻意削弱、损毁、抹黑、丑化社会主义中国价值形象的行径还时有发生，我们在国际范围内传播、塑造、掌控自己国家和民族价值形象的能力还有待进一步增强。我们要从提高国家文化软实力、维护民族尊严和国家利益的战略高度，积极推动当代中国价值形象的塑造，增强当代中国核心价值的吸引力和感召力。

优化价值载体。价值是文化之核。中华民族“文以载道”的古训，在让我们牢记文化要承担传播价值这一重要使命的同时，也启示着我们“道以文传”的深刻道理。就此而言，一种文化的强盛与相应价值的张扬，是相辅相成的。近些年来，美国价值之所以假借普世价值的盛装行销世界，与美国文化产业的强大是不无关系的。正是在美国软实力中扮演着举足轻重角色的文化产业，在充当商业摇钱

---

①［德］戈特弗里德·威廉·莱布尼茨:《〈中国近事〉序言:以中国最近情况阐释我们时代的历史》,见［德］夏瑞春编,陈爱政等译:《德国思想家论中国》,江苏人民出版社 1995 年版，第 4 ～ 5 页。

②［德］戈特弗里德·威廉·莱布尼茨:《〈中国近事〉序言:以中国最近情况阐释我们时代的历史》,见［德］夏瑞春编,陈爱政等译:《德国思想家论中国》,江苏人民出版社 1995 年版，第 9 页。

树的同时也扮演着价值传声筒的角色。在繁荣文化从而推进社会主义价值体系建设方面，我们当前尤应关注的是如何在文化交流交融交锋日益激烈与频繁的态势中使我们的文化强筋健骨。中华人民共和国成立60多年来，中华民族在走向民族复兴的进程中同时努力地推进着文化的创造与勃兴。然而，历史与现实的诸多因素交织在一起，使得我们仍然不得不面对着以美国文化为代表的西方文化在全球的强劲横流。据中华人民共和国新闻出版总署2005年、2006年和2007年三年连续发布的《全国新闻出版业基本情况》报告显示，中国在主要的文化产品贸易方面，都存在着严重的逆差，且呈逐步扩大之势。就音像制品、电子出版物等的进出口的比例而言，2005年进口是出口的9.16倍，2006年上升到10.87倍，2007年进一步攀升到20倍。从贸易额来看，2005年中国文化产品的对外贸易额逆差是14853.16万美元，2006年上升到17256.39万美元，2007年则跃升到21477.73万美元。① 我们应当努力扭转这种状况，推动承载着当代中国核心价值的文化产业发展壮大。当然，在推动文化繁荣从而推进社会主义价值体系建设的过程中，我们还应当思考一系列的重要问题，如，如何进一步彰显中国文化的现代元素，以现代形态的中国文化塑造当代中国人的价值世界，传播当代中国人的精神风貌，如何让以马克思主义为指导的社会主义文化更广泛地达之于社会大众，等等。

“理想者天下之最大力量者也！”② 当我们有效地推进着社会主义价值体系建设的时候，我们就拥有了形成这种“最大力量”的重要前提，国家文化软实力就有了支撑其提升的强劲主轴。

---

① 胡键:《从文化贸易逆差看我国文化软实力建设的艰巨性》，东方网2009年4月25日。

② 易鑫鼎编:《梁启超选集》上卷，中国文联出版社2006年版，第10页。

坚持社会主义核心价值体系

坚持社会主义核心价值体系，是习近平总书记在党的十九大报告中所概括的新时代坚持和发展中国特色社会主义的基本方略之一。这一基本方略，以社会主义核心价值体系为关键词，高度凝练地涵括并展现了习近平新时代中国特色社会主义文化建设的理念，是我们推动社会主义文化繁荣兴盛的“路线图”和“方法论”。对于这一基本方略，我们需要结合十九大报告关于社会主义文化建设的战略部署、结合习近平总书记关于中国特色社会主义文化建设的丰富论述完整准确地予以理解和把握。这是我们担负起新时代的文化新使命，不断铸就中华文化新辉煌，在实现中华民族伟大复兴的宏伟进程中形成并充分发挥好文化的力量之重要前提。

一、坚持这一方略，是新时代坚持和发展中国特色社会主义的内在要求

一个民族在精神上的高度，是其文明程度的重要标志，是其生命

力凝聚力创造力的重要体现和重要滋养。一个在精神上站不起来、强不起来的民族，不可能历风霜、克险阻，挺立于人类文明的潮头。实现中华民族的伟大复兴，推进中国特色社会主义的全面发展，既需要有强大物质力量的支撑，也需要有强大精神力量的引领。这是人类社会历史发展的大逻辑、当今世界和中国发展的大趋势所给予我们的深刻启示、提出的明确要求，也是我们党不断增进并坚定持守、积极践行的文化自觉。经过长期努力，中国特色社会主义进入了新时代。在这历史性的向前跨越中，便包含着中国共产党和中华民族在繁荣文化、强健精神方面的不懈努力。十九大报告在回顾五年来全方位、开创性的成就和深层次、根本性的变革时，专条总结了思想文化建设领域取得的重大进展；在回溯改革开放以来我们党带领全国各族人民不懈奋斗的历程时，特别强调了我们党、国家、人民、军队和民族的面貌发生了前所未有的变化；在用“三个意味着”阐述中国特色社会主义进入新时代的重大意义时，也明确论及了我们在文化方面的发展及其意义。坚韧执着地繁荣发展社会主义文化，厚醅民族前行的精神力量，是推动中国特色社会主义进入新时代的重要力量。正如党的十九大新修订通过的《中国共产党章程》所概括的那样：“改革开放以来我们取得一切成绩和进步的根本原因，归结起来就是：开辟了中国特色社会主义道路，形成了中国特色社会主义理论体系，确立了中国特色社会主义制度，发展了中国特色社会主义文化。”①

新时代坚持和发展中国特色社会主义，要求我们更加自觉地发展社会主义先进文化，更好地构筑中国精神、中国价值、中国力量，为人民提供精神指引。新时代的中国共产党人和中华民族，肩负着

---

①《中国共产党章程》，人民出版社 2017 年版，第 6 页。

光荣而艰巨的历史任务，十九大报告用五个“时代”多维度列出了新时代我们的“任务清单”。完成这样的历史任务，实现中华民族的伟大复兴，绝不是轻轻松松、敲锣打鼓就能实现的。实现伟大梦想，必须进行伟大斗争、建设伟大工程、推进伟大事业。无论是进行伟大斗争，还是建设伟大工程、推进伟大事业，都需要有清晰的价值引领、统一的思想共识、强大的精神支撑、广泛的团结凝聚，都需要有至深至厚至强的文化的力量。中国特色社会主义进入新时代，我国的社会主要矛盾已转化为人民日益增长的美好生活需要和不平衡不充分的发展之间的矛盾。人民美好生活需要日益广泛，不仅对物质文化生活提出了更高要求，而且在民主、法治、公平、正义、安全、环境等方面的要求日益增长。满足人民对美好生活的新期待，满足人民日益增长的精神文化需求，必须抓好文化建设，增加社会的精神文化财富。与此同时，我们还要看到，新时代的中国特色社会主义建设处于复杂多变的世界背景之下。面对不稳定性不确定性突出、全球性问题日益凸显的当今世界，面对文化和意识形态领域斗争的激烈尖锐，中国特色社会主义事业唯有时刻高耸自己理想的灯塔、坚定自己的价值追求，才能高瞻远瞩、行稳致远。就此而言，“坚持社会主义核心价值体系”这一基本方略，不仅集中展现了我们文化建设的根本遵循，对其坚持和践行，也是新时代坚持和发展中国特色社会主义各条方略实施推进的内在要求。

二、坚持这一方略，本质在于坚定文化自信，推动社会主义文化繁荣兴盛

中国特色社会主义文化，是十九大报告坚定持扬的文化旗帜。中国特色社会主义是改革开放以来党的全部理论和实践的主题，是

党和人民历尽千辛万苦、付出巨大代价取得的根本成就。新时代坚持和发展中国特色社会主义，在文化方面的根本体现，就是要坚定中国特色社会主义文化自信，推动中国特色社会主义文化的繁荣兴盛，建设社会主义文化强国。之所以用“坚持社会主义核心价值体系”来概括我们党新时代坚持和发展中国特色社会主义在文化方面的方略，也正在于以马克思主义、共产主义远大理想和中国特色社会主义共同理想等为关键内容的社会主义核心价值体系鲜明地体现着我们所要发展的文化的本质规定性。

“坚持社会主义核心价值体系”这一方略强调：“文化自信是一个国家、一个民族发展中更基本、更深沉、更持久的力量。”① 文化自信具有丰富内涵，其本质是中国特色社会主义文化自信。缺乏这样的文化自信，我们对待文化的古今中外便会缺乏精确的坐标点和科学的择用尺度，我们的文化发展便会缺乏在新时代开创新气象的方向感和激情动力。中国特色社会主义文化，传承着中华民族的文化基因，打烙着社会主义的文化特质，从中华民族五千年的历史文明中走来，是中华文化长河在当今时代的流段，是引领中华文化长河的潮头。中华民族优秀传统文化的源头活水，中国共产党领导人民革命、建设、改革中形成的文化成果，当代中国特色社会主义波澜壮阔的建设实践，共同成就了中国特色社会主义文化的奔涌向前。在当代中国，发展社会主义先进文化，就是发展中国特色社会主义文化。中国特色社会主义文化建设与中国特色社会主义经济、政治、社会、生态建设共同构成了“五位一体”的中国特色社会主义事业总体布局，是新时代我们所要推进的伟大事业不可或缺的重要方面，是当代中国

---

① 习近平：《决胜全面建成小康社会　夺取新时代中国特色社会主义伟大胜利——在中国共产党第十九次全国代表大会上的报告》，人民出版社 2017 年版，第 23 页。

共产党人和中华民族应该担负起的新的文化使命。

发展中国特色社会主义文化，是一个系统工程。党的十九大报告从牢牢掌握意识形态工作领导权、培育和践行社会主义核心价值观、加强思想道德建设、繁荣发展社会主义文艺、推动文化事业和文化产业发展五个大的方面清晰阐述了中国特色社会主义文化建设的主要任务。这五个方面直接反映中国特色社会主义文化本质要求，是“坚持社会主义核心价值体系”这一方略中所特别强调的建设内容的具体展开。意识形态决定文化前进方向和发展道路，繁荣发展中国特色社会主义文化，必须以马克思主义中国化时代化大众化为核心，建设具有强大凝聚力和引领力的社会主义意识形态。社会主义核心价值观是当代中国精神的集中体现，凝聚着全体人民共同的价值追求，需要通过不断强化教育引导、实践养成、制度保障，使之成为我们生而为中国人的独特精神支柱，成为百姓日用而不觉的行为准则。社会主义思想道德是社会主义文化的重要内容，加强思想道德建设就是要不断提高全民族的思想觉悟、道德水准、文明素养，提高全社会的文明程度。繁荣社会主义文化创作、推动文化事业和文化产业发展，也都是满足人民过上美好生活新期待的必然要求。推动中国特色社会主义文化的繁荣兴盛，需要我们将这些方面的任务要求创造性地落到实处，以实实在在的文化建设新作为，展现新时代中国特色社会主义文化的新气象。

三、坚持这一方略，要义在于坚持中国特色社会主义文化发展道路

繁荣发展中国特色社会主义文化，必须坚持中国特色社会主义文化发展道路。以马克思主义为指导，是中国特色社会主义文化发

展道路的首要要求。马克思主义既是富有强大生命力的理论体系和文化成果，也以其对人类社会发展规律的揭示、对人类社会文化发展中一系列根本性问题的回答，确立了认识文化现象、推进文化实践的科学方法论。在推进社会主义新文化建设的进程中，每一代中国共产党人都基于新的实践，以新的思想理论成果，推动着中国化马克思主义文化理论的新发展。十八大以来，习近平总书记在一系列的重要讲话中，对文化建设的地位作用、目标任务、根本要求、方针原则、文化各关键领域的建设推进等做出了深刻论述，形成了新时代中国特色社会主义文化建设的思想体系，确立了我们在中国特色社会主义文化发展道路上推进文化繁荣发展的理论指南。

坚持为人民服务、为社会主义服务，坚持百花齐放、百家争鸣，坚持创造性转化、创新性发展，是坚持中国特色社会主义文化发展道路必须遵循的方向、方针和原则。为人民服务、为社会主义服务，回答的是文化发展为什么人的问题。坚持这一方向，要求我们的文化建设始终以人民为中心，始终把社会效益放在首位、坚持社会效益和经济效益相统一，着力培养能够担当民族复兴大任的时代新人。百花齐放、百家争鸣，强调的是对文化多样性和文化创造自由的尊重。坚持这一方针，要求我们要尊重和遵循文化规律，充分发挥学术民主、艺术民主，尊重差异，包容多样，提倡不同学术观点、不同风格学派相互切磋、平等讨论，营造积极健康、宽松和谐的文化氛围。创造性转化、创新性发展，确立了解决文化发展中“古今中外”关系的方法论。坚持这一原则，要求我们不忘本来、吸收外来、面向未来，将古今中外一切优秀文化成果创造性地转化为当代中国文化发展的有益资源，助推文化的新发展。

坚持党的领导是坚持中国特色社会主义发展道路的根本保证。中国特色社会主义最本质的特征是中国共产党的领导，推进中国特色社会主义文化的繁荣发展是中国共产党的重要职责和神圣使命。十八大以来习近平总书记在主持召开的思想文化领域的一系列座谈会上，都无一例外地专门列论党的领导问题。在文艺工作座谈会上，习近平总书记指出："党的领导是社会主义文艺发展的根本保证。党的根本宗旨是全心全意为人民服务，文艺的根本宗旨也是为人民创作。把握了这个立足点，党和文艺的关系就能得到正确处理，就能准确把握党性和人民性的关系、政治立场和创作自由的关系。"① 这些论述，对党的领导与文化繁荣发展之间的关系做出了精辟阐述，也对如何加强和改进党对文化建设的领导提出了明确的要求。在文化建设领域，我们党也面临着十九大报告提出的如何全面增强执政本领的问题，这既关系到党对文化建设的领导能否得以有效加强，也关系到党能否切实担当起新时代的文化使命。

四、坚持这一方略，关键在于激发全民族的文化创新创造活力、增强全党的积极性主动性和创造性

文化的生命力在于永不停顿的创新创造。面对时代潮流的浩浩荡荡，唯有永不停顿的创新创造，才能推动一个国家和民族的文化不断开风气之先，立足高点，引领新潮；面对新时代人民不断增长的对美好生活的需要，唯有永不停顿的创新创造，才能以丰富的优质精神食粮给人民以精神的营养和力量；面对新征程中具有许多新的历史特点的伟大斗争，唯有永不停顿的创新创造，才会有应对难题开创新局的大智慧。中国共产党是为中国人民谋幸福的政党，也是为人类进步事业而奋斗的政党。要为人类做出新的更大的贡献，也唯有永

① 习近平：《在文艺工作座谈会上的讲话》，《人民日报》2015年10月15日。

不停顿的创新创造。十九大报告在《坚定文化自信，推动社会主义文化繁荣兴盛》部分开篇中强调要激发全民族文化创造活力，并以“当代中国共产党人和中国人民应该而且一定能够担负起新的文化使命，在实践创造中进行文化创造，在历史进步中实现文化进步！”[①]为该部分结语；《中国共产党第十九次全国代表大会关于十八届中央委员会报告的决议》论及文化的部分特以“激发全民族文化创新创造活力”收笔，都鲜明地表达了我们党对于文化创新创造意义的深刻把握，以及推动文化创新创造活力空前激发的决心。

激发文化创新创造的活力，要有全民的视野。人民是历史的创造者。不断铸就中华文化新的辉煌，是全民族的事业，需要全民族文化创新创造活力的广泛激发，在人民的磅礴伟力中成就文化华章。我们应通过广泛深入的宣传教育，增进全民族立足当代中国现实，结合当今时代条件进行文化创新创造的意识，增强文化领域各方面的建设发展面向现代化的自觉、面向世界的从容、面向未来的雄心；应不断深化文化体制改革，破除一切束缚文化繁盛发展的体制机制弊端，充分解放和发展文化生产力；应切实加强文化人才队伍建设，创新文化人才政策，搭建人人尽展其才的广阔舞台，让各类文化人才的创造活力竞相迸发、才智充分涌流。全民族文化创新创造活力的强弱，还与全民族的整体文化素质水平紧密相关，以全民族的整体文化素质水平为基石。激发全民族文化创新创造活力，除了在增进意识、创新体制、营造环境等诸方面下足功夫外，还需要按照十九大报告的要求，切实把教育事业放在优先位置，办好人民满意的教育，以全民族文化素质的整体性提升，为文化创新创造活力的生成与迸发奠定

---

① 习近平：《决胜全面建成小康社会　夺取新时代中国特色社会主义伟大胜利——在中国共产党第十九次全国代表大会上的报告》，人民出版社 2017 年版，第 44 页。

良好的主体素质基础。

激发文化创新创造的活力，也要有全党的自觉。要引领全民族创新创造的文化新实践，我们党必须始终是充满创新创造活力、走在时代前列的党。与此相应，在推动中国特色社会主义文化繁荣兴盛的进程中，在最大力度地激发全民族文化创新创造活力的同时，我们还应将党的创造力的建设摆在新时代党的建设极其重要的位置。十九大报告通篇洋溢着强烈的创新创造的精神。永不懈怠的精神状态、一往无前的奋斗姿态，登高望远、居安思危、勇于变革、勇于创新、永不僵化、永不停滞的自觉意识，跃动于报告的字里行间。报告将调动全党积极性、主动性、创造性作为“着力点”列入新时代党的建设总要求。将这些要求全面落到实处，是我们党始终成为时代先锋、民族脊梁的重要前提，也是我们党和人民一道有力担负起新的文化使命的重要前提。中国特色社会主义文化植根于中国特色社会主义伟大实践。一个富有无穷创造力的党、一个充盈着无限创新创造活力的民族，必定会成就人类历史上最为宏大而独特的创造性实践，也必将为其铸就文化的新辉煌提供无比强大的动力和广阔空间。

核心价值观培育的辩证法

“当高楼大厦在我国大地上遍地林立时，中华民族精神的大厦也应该巍然耸立。”① 更加自觉地把握精神文明和文化兴盛的意义，更加努力地丰富和增进全民族的精神世界、精神力量，是站在当下新的历史起点上的中华民族，观察、思考民族复兴、发展中国特色社会主义所当有的眼界与境界。近年来，我们积极弘扬和培育社会主义核心价值观，以之为凝魂聚气、强基固本的基础工程，强调精神文明与物质文明的协调发展，强调在增强国家硬实力的同时注重提升国家软实力等，都生动地体现着我们观察、思考、推进民族复兴、事业发展的眼界与境界。弘扬和培育社会主义核心价值观，就是要架起、搭牢中华民族精神大厦的“四梁八柱”。把这一艰巨的任务完成好，需要我们遵循社会主流意识形态形成发展的规律性，把握好社会主义核心价值观培育中的一系列辩证法。

---

① 习近平:《在文艺工作座谈会上的讲话》,《人民日报》2015 年 10 月 15 日。

一、把握好“一”与“多”的辩证法

弘扬和培育社会主义核心价值观，是要在日趋多样化的社会现实中明确发展的总趋向、确立思想文化领域的主旋律。多样化与主旋律，都因对方的存在方能彰显出自身的意义。多样化的进程越推进，越是呼唤主旋律的力量，这是社会有序发展的需要，也是中外社会发展中所共有的规律。自觉推进社会主义核心价值观的建设，正是遵循这一社会发展规律性、社会发展进程中“一多关系”辩证法的体现。从社会主义核心价值观建设本身而言，也有“一”与“多”的关系需要我们把握好。一方面，社会主义核心价值观的内涵，应有清晰明确、主导性的界说与诠释。这方面的清晰明确、“主导性”即“一”的确立，是社会主义核心价值观能够成为思想文化领域“主旋律”的重要前提。古人论乐，以“宫”为“君”，谓“宫乱则荒”①，正折射了这一道理。另一方面，社会主义核心价值观要走进多质多样的社会大众，需要有丰富多样的展现形态、言说方式，需要南腔北调、雅俗并集。在当下的社会主义核心价值观弘扬培育过程中，我们既需要把“一”说得更加精准透彻，也需要把“多”演绎得更加精彩纷呈。

二、把握好“显”与“隐”的辩证法

要优美地奏响社会主义核心价值观这一当代中国社会思想文化领域的主旋律，需要借助各种显性的教育、传播渠道，将核心价值观

---

①《礼记·乐记》。

的宣传教育覆盖到全社会的各个方面、不同群体。“主旋律”如果不登上面向社会大众精神生活、面向青年一代精神成长的主舞台，始终都不可能成为真正奏响的“主旋律”。但与此同时，社会主义核心价值观的弘扬培育，还需要讲求春风化雨、潜移默化；即便在各种显性教育的过程中，也都需要高度关注隐性润化的力量，探索盐入清汤、了然无痕的教育和感化艺术。习近平总书记曾经在要求通过教育引导、舆论宣传、文化熏陶、实践养成、制度保障等把社会主义核心价值观贯穿于社会生活方方面面的同时，也明确强调，要将核心价值观“融入社会生活”，“使核心价值观的影响像空气一样无所不在、无时不有”①。这些要求，体现的便是对核心价值观培育中“显”与“隐”辩证法的自觉把握。真正做到“融”入社会生活、做到使核心价值观的影响像空气一样无色无形但无所不在、无时不有、日用而不知，需要我们的弘扬培育工作有更多的基于责任感、使命感的创意与创造。

三、把握好“古”与“今”的辩证法

弘扬培育社会主义核心价值观，要用好文化的力量。这里的文化，既包括优秀的传统文化，也包括中国共产党和中国人民在伟大斗争中孕育的革命文化和社会主义先进文化。丰厚的优秀传统文化，承载着中华民族的精神基因，是社会主义核心价值观的重要文化之源。就整体而言，在当代中国，人们对优秀传统文化的关注不断增强，但对优秀传统文化的了解掌握尚待有力加强。据我们 2016 年 6 月在全国 35 所高校针对大学生的调查，表示自己完整读过《大学》《中庸》

① 《习近平谈治国理政》，外文出版社 2014 年版，第 165 页。

《论语》《孟子》的大学生分别仅为 12.8%、9.6%、38.3%、12.5%，有 57.8% 的大学生表示上述四部中华文化元典“均未完整读过”。[①] 社会公众对传统文化的了解程度，由此可窥一斑。但在加强优秀传统文化教育的同时，我们还应认识到，社会主义核心价值观是社会主义文化的核心，涵养这样的文化核心，需要从文化源头采活水，也需要从当下的新文化中汲营养。我们应当古今并重，把挖掘历史与把握当代有机地结合起来，在加强中华优秀传统文化教育的同时，加强革命文化、社会主义先进文化的教育，在对古今文化资源的融通中，引导人们认清文化的历史、文化的国情和文化的使命，增进文化自信和价值观自信，增进新征程中创新创造的担当精神与担当能力。

四、把握好“官”与“民”的辩证法

把社会主义核心价值观建设成为主导性、主流性的价值观，需要理直气壮地通过政府主导的形式，充分发挥国民教育、舆论宣传、制度涵化、文化传承等方方面面的作用，凝汇构筑当代中华民族精神家园的合力。与此同时，也需要积极构建新时代的民间教化机制，形成核心价值观建设、精神文明建设中官方与民间共构互济的格局。民间的教化力量，因其生成于民间、蕴含于民间、活动于民间，在推动社会主义核心价值观更细腻细致、潜移默化地融入人们生产生活、走进人们精神世界方面，具有自己的独特功用。如何激活社会组织的作用、家庭的作用、乡贤的作用，如何增进民间文化、民俗文化与社会主流价值观建设的同向性，如此等等，都是民间教化机制建设应当关注的重要问题。中国古代曾有强大而富有特色的民间教化力量和

---

① 参见沈壮海等著:《中国大学生思想政治教育发展报告 2016》，北京师范大学出版社 2016 年版，第 258 页。

体系。我们可以加强对中国古代民间教化机制的研究，总结其可资借鉴的地方，结合当代中国的实际，构建富有时代气息、民族特色的民间教化机制，服务于当代中国主流思想文化和社会主义核心价值观的建设。

陆

文化自信与民族精神

人，一定要有精神的力量，这是中华民族的“人学”中贯穿的基本要义。与此相应，崇德尚志，始终是中华民族的鲜明禀赋。

中华民族精神，是中华民族生生不息的历史积淀，更是中华民族开创未来不可缺少的精神条件，是中华民族新的长征路上应当嘹亮奏响的“时代之歌”。

同时生发于人心、融入于社会制度、贯穿于建设实践的中国精神、中国价值，会更加葳蕤丰茂、亮丽成景，会以感召性与规范性、养成性等的内在一体，将中华民族开创美好未来的一切积极力量更富成效地激发出来、汇聚起来。

精神也需常补“钙”

大凡关心身体健康的人，恐无不知晓钙的意义、补钙的重要。钙是生命的元素，少了它，人便会免疫力降低、疲倦乏力、腰酸背痛、骨质疏松，生出种种的病症。缺钙不会立即致命，但长期缺钙一定会导致人体机能的衰弱和衰竭。

对于共产党人而言，有一种东西的重要性，恰如钙之于生命的意义，那就是理想信念。理想信念，是精神的脊梁，挺直精神脊梁的人，才能抬望眼，前驱引领；是心之所向、共同之志，有了它，一个组织才能团结凝聚，一路披荆斩棘、守道不回。是坚定的理想信念，支撑着共产党人勇敢地站在民族的前列，努力把人民和历史赋予的重任担当起来。习近平总书记反复强调，理想信念是共产党人精神上的“钙”，深刻而又传神地阐明了理想信念对于共产党人所具有的生命元素般的意义。

人，一定要有精神的力量，这是中华民族的“人学”中贯穿的基本要义。与此相应，崇德尚志，始终是中华民族的鲜明禀赋。在我们的先民眼中，志是为人之本、入道之功，是人生成长、难事竟成的内在依据，是人精神世界中的关键。“志立则有本。譬之艺木，由毫末拱把，至于合抱而干云者，有本故也”①；“志不立，如无舵之舟、无衔之马，漂荡奔逸”②。而志存高远者，自然会少些低俗，多些高雅；少些哀怨，多些进取；少些狭隘，多些坦荡；少些躲避，多些担当；少些游移彷徨，多些坚韧持守。中华民族绵延至今天，就是因为我们始终有着自己民族的“志”，有着这种精神的脊梁。我们今天以精神之“钙”喻理想信念，与古人以“志”为“气之帅”“人之命”“木之根”“水之源”“舟之舵”“马之衔”一脉相贯，所要推动的，是让已经站在新起点上的中华民族以不竭的浩然之气去追逐、成就自己的梦想。

共产党人所崇之志，传承着中华民族的优秀精神传统，又在时代长河与民族命运的激荡中，形成了自己的独特内涵。这个“志”，就是对马克思主义的信仰、对社会主义和共产主义的信念，就是中国特色社会主义的共同理想，就是全力实现人民对美好生活的向往。这样的理想信念，是判别一个政党是否是马克思主义政党、一个共产党员是否是真正共产党人的根本标志，也是共产党人感召力、凝聚力、创造力的源泉。正是凭着这种崇高的理想信念，90 多年一路走来的中国共产党才能唤起工农千百万，在民族复兴的进程中，闯出改变民族命运的新路，创造一个又一个惊世的辉煌。然而，不容否认的是，当今时代，在多种多样新的考验面前，一些共产党员放松了常补精神之“钙”的自觉，患上了各种各样的“钙缺乏症”，对履职尽责提不起神、对百姓之事了无兴趣，怯于谈信仰，忙于拜鬼神，甚至换了场合便怯于亮出自己的党员身份，因循苟且，随俗习非。对于个体而言，“钙”流失多了，无以自持；对于一个政党而言，这种情况不遏止，则

①《二程集·河南程氏粹言·论学篇》。

②《王阳明全集·悟真录之七》。

流失的不仅是自己体内的“钙”，而且会是更广泛的人心。就此而言，精神之“钙”需常补，是历史留下的结论，更是现实提出的重大课题。

补足精神之“钙”，须常读“正史”。这里所谓的“正史”，是记述着中华民族“正气歌”的历史，是近代以来中华民族在困境中奋力探求沧桑正道的历史，是中国共产党带领人民一步步推进民族复兴进程的历史。历史是最好的教科书，也是最好的营养剂。常读“正史”，我们可以反复咀嚼、吸收到其中凝结着的经由实践反复淘洗、锤炼而成的精神“钙片”，在与一个个民族脊梁的精神对话中洗涤自己的心灵，激奋自己的担当。“正史”除了常读，我们还应悉心呵护，不容其任人移花接木或肆意污损。

补足精神之“钙”，须常念“真经”。习总书记指出：“马克思主义就是我们共产党人的‘真经’。”① 理想信念，与人们对人类社会发展规律的认识有关；坚定的理想信念，始终建立在对社会发展规律的准确把握之上。不透彻地把握规律，暗于世势，一个人就容易在历史的旋涡面前“头晕目眩”，对自己的目标及脚下的道路缺乏自信。马克思主义之所以是共产党人的“真经”，根本在于它揭示了人类社会发展的根本规律，阐明了共产党人所当有的理想、宗旨与历史使命。把风水算命之书请下书架，把经典著作摆上案头，我们才能真正体味到辽阔高远的精神世界在哪里。

补足精神之“钙”，须常修“己能”。共产党人补足精神之“钙”，不是为了独善其身、自我陶养，而是为了以更好的精神状态去“实行”，担当起应该担当的责任。因而，精神补“钙”的同时，亦须有“实行”能力的提升。王安石曾在其名作《游褒禅山记》中写道：“世之奇伟、瑰怪、非常之观，常在于险远，而人之所罕至焉。故非有志者不能至

---

① 习近平：《在全国党校工作会议上的讲话》，《求是》2016 年第 9 期。

也。有志矣，不随以止也，然力不足者，亦不能至也。有志与力，而又不随以怠，至于幽暗昏惑，而无物以相之，亦不能至也。”[①] 唯有志、力相兼而备之，共产党人精神上的“钙”，才能实实在在发挥它的功用。

共产党人需要常补精神之“钙”，这是由其光荣身份与神圣职责所决定的。其实，我们每一个人，不论是谁，都需常补精神之“钙”。因为，没有谁不希望自己挺直脊梁、昂首挺胸把握人生、面对未来。

---

①《临川先生文集》卷八十三。

更好构筑中国精神、中国价值、中国力量

十八大以来，习近平总书记从不同角度反复强调过弘扬中国精神、中国价值，汇聚中国力量的问题。弘扬中国精神、中国价值，就是要积极弘扬以爱国主义为核心的民族精神和以改革创新为核心的时代精神，积极培育和践行社会主义核心价值观；汇聚中国力量，就是要将13亿中国人民的智慧和力量汇集起来，形成为实现中国梦而不懈奋斗的磅礴力量。弘扬中国精神、中国价值是汇聚中国力量的内在要求，汇聚中国力量是弘扬中国精神、中国价值的目标指向，三者紧密关联、有机统一，其本质是要推动中华民族伟大复兴进程中精神力量的建设和提升。在党的十九大上，习近平总书记再次特别强调要“更好构筑中国精神、中国价值、中国力量”①。“更好”二字虽简，但内含着新时代坚持和发展中国特色社会主义对精神力量建设新的

① 习近平:《决胜全面建成小康社会　夺取新时代中国特色社会主义伟大胜利——在中国共产党第十九次全国代表大会上的报告》,人民出版社2017年版，第23页。

更高要求。有效推进这一战略部署，要求我们深刻把握强大精神力量对于新时代中国特色社会主义建设的重大意义，深刻把握新的征程中构筑强大精神力量的新课题和新任务，以扎实系统而又富有创造性的努力，不断增强全民族团结一心的精神纽带、自强不息的精神动力和开创未来的蓬勃朝气。

一、精神力量：至柔至刚、深沉持久的力量

精神力量，是一个民族、一个国家至柔至刚、深沉持久的力量，是一个民族、一个国家能够经得起任何历史风浪、铸就文明辉煌不可或缺的条件。站在中国特色社会主义进入新时代这一崭新的历史节点上，我们既可以在回望过去中看到那奔涌澎湃的精神洪流在中华民族站起来、富起来、强起来进程中所推动的万千气象，更应当为把握当下、开创未来自觉汇聚起强大的精神能量。党的十九大报告之所以用“不忘初心，牢记使命”开篇，之所以反复强调全党要有永不懈怠的精神状态、一往无前的奋斗姿态，要始终成为时代先锋、民族脊梁，等等，正在于看到了“中华民族伟大复兴，绝不是轻轻松松、敲锣打鼓就能实现的”①，看到了伟大精神的力量对于我们进行伟大斗争、建设伟大工程、推进伟大事业、实现伟大梦想至关重要的意义。

新时代坚持和发展中国特色社会主义所需要的精神力量是多维度、多层面的，其中最具关键意义的，当是强大的精神内聚力、奋发力和持守力。其一，推进新时代的伟业，我们必须有万众一心、众志成城的强大精神内聚力。人民群众是历史发展和社会进步的主体力

① 习近平：《决胜全面建成小康社会　夺取新时代中国特色社会主义伟大胜利——在中国共产党第十九次全国代表大会上的报告》，人民出版社 2017 年版，第 15 页。

量。坚持和发展中国特色社会主义、实现中华民族的伟大复兴，最根本的力量在人民，最强大的力量在团结凝聚起来的人民。“大鹏之动，非一羽之轻也；骐骥之速，非一足之力也。”① 中国力量，归根到底即中国各族人民大团结的力量。正如习近平总书记指出的那样：“中国要飞得高、跑得快，就得依靠 13 亿人民的力量。”② 一个 13 亿人的大国，没有强大的精神内聚力，就会重演近代以来四分五裂、一盘散沙的悲剧；而真正万众一心地团结凝聚起来，便是无比强大、不可战胜的磅礴力量。其二，推进新时代的伟业，我们必须有创新创造、向上向前的强大精神奋发力。纵观人类发展历史，创新始终是一个国家、一个民族发展的重要力量，也始终是推动人类社会进步的重要力量。在浩浩荡荡的时代潮流中，历史只会眷顾坚定者、奋进者、搏击者，而不会等待犹豫者、懈怠者、畏难者。习近平总书记指出：“实现梦想、应对挑战、创造未来，动力从哪里来？只能从发展中来、从改革中来、从创新中来。”③ 中国共产党带领人民通过改革开放新的伟大革命开辟了中国特色社会主义道路，使中国大踏步赶上了时代。实践证明，唯有勇于变革、勇于创新，永不僵化、永不停滞，才能始终走在时代的前列。向上向前的奋发，还包括对崇高道德境界的不懈追求。国无德不兴，人无德不立。人民有信仰、民族有希望、国家有力量。只有中华民族一代接着一代追求美好崇高的道德境界，我们的民族才会永远充满希望。其三，推进新时代的伟业，我们还必须有从容自信、坚定坚韧的强大精神持守力。世界上没有一个民族能够亦步亦趋走别人的道路实现自己的发展振兴，也没有一个民族会在心神不定、游

---

①《潜夫论·释难》。

②《习近平谈治国理政》，外文出版社 2014 年版，第 98 页。

③ 习近平：《让工程科技造福人类、创造未来——在 2014 年国际工程科技大会上的主旨演讲》，《人民日报》2014 年 6 月 4 日。

移彷徨中成就自己的光荣和梦想。新时代坚持和发展中国特色社会主义，需要我们坚定道路自信、理论自信、制度自信、文化自信，有坚如磐石的精神和信仰力量，把国家和民族发展放在自己力量的基点上，坚持民族自尊心和自信心，坚定不移走自己的路。在新时代，是否更好地构筑起了中国精神、中国价值、中国力量，重要的尺度就是要看我们是否有效地培育和增进了全民族强大的精神内聚力、奋发力和持守力，推动着我们的民族意气风发地追求梦想、开创未来。

二、更好构筑中国精神、中国价值、中国力量的新要求

更好构筑中国精神、中国价值、中国力量，对当代中国整个思想文化领域的建设，提出了一系列的新要求。十九大报告关于新时代坚持和发展中国特色社会主义基本方略的第七条“坚持社会主义核心价值体系”，以“更好构筑中国精神、中国价值、中国力量，为人民提供精神指引”① 为落脚点，极为精要地呈现了新时代中国特色社会主义思想文化领域建设的关键方面，为我们更好构筑中国精神、中国价值、中国力量提供了基本遵循。在全面坚持这一基本方略，更好构筑中国精神、中国价值、中国力量的进程中，我们需要对建设具有强大凝聚力和引领力的社会主义意识形态、推动中华文化的新发展以及培养担当民族复兴大任的时代新人等问题有进一步的意识聚焦和行动自觉。

一是要更加自觉地建设具有强大凝聚力和引领力的社会主义意识形态。一种思想文化和价值体系要具有滋润人心、催人奋进的力

① 习近平：《决胜全面建成小康社会　夺取新时代中国特色社会主义伟大胜利——在中国共产党第十九次全国代表大会上的报告》，人民出版社 2017 年版，第 23 页。

量，必须站在时代的制高点，反映社会发展进步的规律，内含人民的诉求，体现人民的意愿，具有强大的凝聚力和引领力。更好地构筑中国精神、中国价值、中国力量，要求我们更加自觉地建设具有强大凝聚力和吸引力的社会主义意识形态。马克思主义以其坚定的人民立场、以其对人类社会发展规律的科学揭示，实现了真理性与价值性的高度统一，也确立了其能够赢得无产阶级、武装无产阶级的内在根据。建设具有强大凝聚力和引领力的社会主义意识形态，要求我们不断地推进马克思主义中国化时代化大众化，也要求我们把习近平新时代中国特色社会主义思想这一马克思主义中国化最新成果充分地阐释好，引领人民在理想信念、价值理念、道德观念上紧紧团结在一起、奋斗在一起。

二是要更加自觉地推动社会主义文化繁荣兴盛，不断铸就中华文化新的辉煌。中华文化是中华民族的精神血脉和精神家园，是涵育中国精神、中国价值、中国力量的丰厚滋养。推动社会主义文化繁荣兴盛，不断铸就中华文化新的辉煌，是我们增进文化自信的目标指向，也是树牢文化自信的重要条件，是实现习近平总书记所要求的“用富有时代气息的中国精神凝聚中国力量”①的重要前提。推动社会主义文化繁荣兴盛，不断铸就中华文化新的辉煌，要求我们注重回采优秀传统，科学借鉴域外文明，实现有益文化资源在新文化建设中的创造性转化创新性发展；更要求我们强化时代意识和实践意识，以马克思主义为指导，坚守中华文化立场，立足当代现实，结合当今时代条件，植根中国特色社会主义伟大实践，激发全民族文化创新创造活力，在实践创新中进行文化创造，在历史进步中实现文化进步，写出中华文化的新篇章。

① 中共中央文献研究室编：《习近平关于社会主义文化建设论述摘编》，中央文献出版社2017年版，第10页。

三是要更加自觉地坚持以培养担当民族复兴大任的时代新人为着眼点。马克思曾经指出："思想要得到实现，就要有使用实践力量的人。"① 更好构筑中国精神、中国价值、中国力量的过程，实质上便是先进精神和价值体系内化为人的素质、转化为人们自觉行动的过程，是培养造就具有相应素质的人的过程。离开对人的关注和培养，任何精神与价值都无由获得转化为现实力量的可能，也都无由获得传承发展的主体根据。我们所规划和期盼的新时代新作为新气象，都需由能够担当民族复兴大任的时代新人来担当和实现。培养担当民族复兴大任的时代新人，需要着眼全民，推动全社会理想信念、家国情怀、担当自觉和文明程度的普遍性增进；需要关注青年，在引导青年勇做时代弄潮儿、为民族复兴不懈奋斗的进程中为中国力量注入不竭的青春活力。

三、用先进精神和价值赢得人心、掌握群众

更好构筑中国精神、中国价值、中国力量，既要求我们不断为中国精神、中国价值及与其紧密关联在一起的整个思想文化体系注入新的时代内涵，提升其凝聚力、引领力和感召力，也要求我们更加关注中国精神、中国价值走进人心、深植人心的规律，有效引导先进精神和价值赢得人心、掌握群众的进程。在这一方面实现"更好"，同样是一个复杂的系统工程，需要在切实做好理论武装、宣传教育等的同时，更加注重与时代同行、融入制度融入实践；更加注重全面从严治党，发挥好党的引领作用。

要注重与时代同行。习近平总书记指出："只有站在时代前沿，

---

①《马克思恩格斯文集》第 1 卷，人民出版社 2009 年版，第 320 页。

引领风气之先，精神文明建设才能发挥更大威力。”[①] 更好构筑中国精神、中国价值、中国力量，要求我们的思想文化建设，在理念方面，要牢固树立以人民为中心的工作导向，紧紧围绕丰富人民精神世界、满足人民精神需求、增强人民精神力量、促进人民福祉而开展。在内容方面，要着力推动习近平新时代中国特色社会主义思想深入人心，创造性开展理想信念教育和民族精神、时代精神、社会主义核心价值观的弘扬培育，礼敬民族英雄和道德模范，呵护好中华民族最闪亮的精神坐标，高扬主旋律，唱响正气歌。方式方法方面，要注重因事而化、因时而进、因势而新，把握好时、度、效，增强吸引力和感染力，增进共鸣，强化认同，推动中国精神、中国价值更好地深入人心、赢得群众。

要注重融入制度融入实践。中国精神、中国价值要产生激发、汇聚中国力量的深远实效，需要广泛而深入的宣传教育，还要靠中国精神、中国价值的根本要求在国家治理方方面面制度安排中的融入、在中国特色社会主义建设方方面面实践中的贯穿。这既需要我们以是否符合中国精神、中国价值的根本要求，是否有助于弘扬和践行中国精神、中国价值为重要标尺来推进各种政策设计和制度创新，还需要我们切实将中国精神、中国价值的根本要求转化到生产生活的具体实践之中、展开为弘扬和践行的生动实践过程与实践场景、转化为支撑我们道路自信、理论自信、制度自信和文化自信的强大物质力量。同时生发于人心、融入于社会制度、贯穿于建设实践的中国精神、中国价值，会更加葳蕤丰茂、亮丽成景，会以感召性与规范性、养成性等的内在一体，将中华民族开创美好未来的一切积极力量更富成效地激发出来、汇聚起来。

---

① 中共中央文献研究室编：《习近平关于社会主义文化建设论述摘编》，中央文献出版社 2017 年版，第 10 页。

要注重全面从严治党，发挥好党的引领作用。更好构筑中国精神、中国价值、中国力量，要汇聚的是13亿中国人的力量，需要全民的行动，同时也需要党的有力引领。中国共产党是领导和团结全国各族人民建设中国特色社会主义伟大事业的核心力量，是实现全民族力量最大凝汇的主心骨。富有力量的党，才有汇聚13亿中国人力量的巨大磁力。党的十九大报告强调要“以党的坚强领导和顽强奋斗，激励全体中华儿女不断奋进，凝聚起同心共筑中国梦的磅礴力量”，根本原因也正在于此。有力发挥党在更好构筑中国精神、中国价值、中国力量中的引领作用，要求我们认真落实新时代党的建设总要求，坚持和加强党的全面领导，坚持党要管党、全面从严治党，以加强党的长期执政能力建设、先进性和纯洁性建设为主线，以党的政治建设为统领，以坚定理想信念宗旨为根基，以调动全党积极性、主动性、创造性为着力点，全面推进党的政治建设、思想建设、组织建设、作风建设、纪律建设，把制度建设贯穿其中，维护党的团结统一，确保全党统一意志、统一行动、步调一致前进，以良好党风带动政风民风，用实实在在的行动赢得人民群众的信任和拥护，从而凝聚起推动党和人民事业不断从胜利走向胜利的强大力量。

在弘扬伟大民族精神中砥砺前行

民族精神是一个民族赖以生存和发展的精神支撑，是一个民族生命力和凝聚力的重要体现。习近平总书记在第十三届全国人民代表大会第一次会议上发表的重要讲话，站在中国特色社会主义进入新时代的历史节点和实现中华民族伟大复兴的战略高度，在历史和现实的紧密结合中，深刻阐述了伟大的中华民族精神。伟大的时代呼唤伟大的精神。开创新时代的新气象，实现民族复兴的伟大梦想，需要我们在伟大民族精神的高扬中砥砺前行。

一、自信的底气、前行的力量

伟大民族精神植根于中华文明的沃土，积蕴于漫长的民族奋斗史。中华文明源远流长、博大精深，积淀着中华民族最深沉的精神追求，代表着中华民族独特的精神标识，孕育了中国人民的宝贵精神品格和崇高价值追求，构建了中国人民的独特精神世界。在中华民族

5000多年的文明史、中国人民近代以来170多年的斗争史、中国共产党90多年的奋斗史、中华人民共和国60多年的发展史中，在党领导人民开辟新民主主义革命道路、社会主义革命道路、社会主义建设道路和中国特色社会主义道路的过程中，在从站起来、富起来到强起来的伟大历史飞跃中，中华民族之所以能够历经艰难困苦而百折不回、坚韧向前，其中一个很重要的原因就在于一代又一代的中华儿女培育和发展了独具特色、博大精深的中华文明，为中华民族的生生不息、发展壮大提供了丰厚精神滋养、强大精神支撑。在漫漫历史进程中形成和发展起来的伟大民族精神，是中国人民特有的禀赋，它勾勒出“中国人民”是怎样的人民;是中华民族特有的气质,它描绘了“中华民族”是怎样的民族。

在新时代的伟大历史节点上，对中华民族精神做出新的全面阐述，有助于我们更加清晰深刻地认识自我，更有信心和毅力地去创造我们民族新的辉煌，更加自觉地为人类文明贡献中华民族的智慧和光彩。在领导人民革命、建设、改革的进程中，中国共产党一向注重对中华民族的伟大精神及其新发展、对中华民族伟大精神在不同领域、时期的集中体现进行凝练、概括和弘扬，用以激励我们的民族始终在民族与时代正气歌的激越旋律中奋力向前。习近平总书记对中华民族精神的新概括和新阐述，更明确地回答了中华民族为什么能够创造出绵延至今的璀璨文明、为什么能够成功地走出一条不同于世界任何国家的发展新路、为什么坚信民族复兴伟大梦想一定能够成为真切的现实。这一论述，是对中华民族精神认识的进一步深化，是对中华民族何以自信的深刻回答，也是对新时代中华民族自信心的再激发。正如习近平总书记所指出的那样：“有这样伟大的人民，有这样伟大的民族，有这样的伟大民族精神，是我们的骄傲，是我们坚定中国特色社会主义道路自信、理论自信、制度自信、文化自信的底气，也是我们风雨无阻、高歌行进的根本力量！”①

今天，我们比历史上任何时期都更接近、更有信心和能力实现中华民族伟大复兴的目标，但“行百里者半九十”，我们仍在路上；中华民族伟大复兴，绝不是轻轻松松、敲锣打鼓就能实现的，我们必须准备付出更为艰巨、更为艰苦的努力。开创新时代的新气象和新辉煌，归根到底仍靠秉承着伟大民族精神的伟大人民、伟大民族。中国特色社会主义进入新时代，标示着我们的事业已经达至的新高度，也标示着我们的事业继续向前的新起点。面对已经取得的成绩，我们不能沾沾自喜、滋生懈怠不前的惰性，不能安于现状、乐而忘忧，躺在历史的功劳簿上睡大觉；面对前进途中的各种困难、风险和挑战，我们也不能心生畏惧、消极懈怠、退缩躲避，而是须有更大的定力、更强的毅力、更足的动力，须有更加充分涌流的创造力、更为强大磅礴的凝聚力。概言之，在继续推进伟大社会革命的新的长征路上，我们比任何时候都更需要高昂向上的伟大民族精神，用以凝聚中华儿女的精神共识、筑强新时代中华民族的精神支柱，激发全党全民族应对重大挑战、抵御重大风险、克服重大阻力、化解重大矛盾、解决重大问题从而风雨无阻、高歌行进的强大精神能量。

二、以创造、奋斗、团结、梦想精神成就新时代的新气象

在几千年历史长河中，中国人民发扬伟大创造精神，开拓进取、辛勤劳作，产生了伟大思想巨匠、发明了伟大科技成果、创作了伟大文艺作品、建设了伟大工程，创造了悠久灿烂的中华文明。在中国特色社会主义新时代，我们需要继续弘扬伟大创造精神，顺应变革创新

① 习近平：《在第十三届全国人民代表大会第一次会议上的讲话》，人民出版社 2018 年版，第 6 页。

的时代潮流，谱写创新创造的时代新篇。“变革创新是推动人类社会向前发展的根本动力”①，“创新是民族进步的灵魂，是一个国家兴旺发达的不竭源泉，也是中华民族最深沉的民族禀赋”②。当今时代，国际发展竞争日趋激烈，新一轮科技革命与产业变革不断向纵深推进，国家间科技创新竞争日益上升为创新体系的竞争。在这样的新形势下，我们弘扬伟大创造精神，就是要更大力度地激发全民族的创新创造活力，把创新摆在国家发展全局的核心位置，贯彻落实好新发展理念，不断推进中国特色社会主义理论创新、实践创新、制度创新、文化创新以及其他各方面的创新，创造新时代的高质量发展，破解不平衡不充分发展的难题，满足人民群众日益增长的美好生活需要。“在激烈的国际竞争中，惟创新者进，惟创新者强，惟创新者胜”③，只要13亿中国人民始终发扬这种伟大创造精神，就一定能够创造属于新时代的辉煌业绩。

在几千年历史长河中，中国人民发扬伟大奋斗精神，革故鼎新、自强不息，开疆拓土、开垦粮田、治理江河，建设乡村、发展生产、丰富生活，不畏艰险、勇于拼搏、敢于牺牲，取得了巨大的发展成就。在中国特色社会主义新时代，我们需要继续弘扬伟大奋斗精神，敢于攻坚克难、全面深化改革，在决胜全面建成小康社会、全面建设社会主义现代化强国的新征程中奋勇前进。当前，改革发展稳定任务之重、矛盾风险挑战之多、治国理政考验之大都是前所未有的，各种突出矛盾和深层次问题都可能集中爆发，要求我们有更大的政治勇气和奋斗精神，以勇于自我革命的气魄、坚忍不拔的毅力全面深化改革，敢

---

① 习近平：《开放共创繁荣　创新引领未来——在博鳌亚洲论坛2018年年会开幕式上的主旨演讲》，人民出版社2018年版，第7页。

②《习近平谈治国理政》，外文出版社2014年版，第51页。

③《习近平谈治国理政》，外文出版社2014年版，第59页。

于刮骨疗毒、破除“中梗阻”，自觉通过调整生产关系激发社会生产力发展活力，自觉通过完善上层建筑适应经济基础发展要求，让中国特色社会主义更加符合规律地向前发展。未来，我们还会遇到更多难以想象的困难，需要一代代的中华儿女接力奋斗，在奋斗中接续历史辉煌、成就美好未来。“幸福是奋斗出来的，奋斗本身就是一种幸福”①，只要13亿中国人民始终发扬这种伟大奋斗精神，就一定能够谱写出社会主义现代化新征程的壮丽篇章。

在几千年历史长河中，中国人民发扬伟大团结精神，同舟共济、众志成城，建立了统一的多民族国家，形成了守望相助的中华民族大家庭；打败了一切穷凶极恶的侵略者，捍卫了民族独立和自由，使中华民族以独立统一的姿态屹立于世界舞台。在中国特色社会主义新时代，我们需要继续弘扬伟大团结精神，团结一心致力于中国特色社会主义的全面建设。进行伟大斗争、建设伟大工程、推进伟大事业、实现伟大梦想，一刻也离不开团结精神在全党全民族的大发扬。发挥伟大团结精神，需要我们切实增强政治意识、大局意识、核心意识、看齐意识，坚持和加强党的全面领导，坚决维护党中央权威和集中统一领导；需要我们始终高举爱国主义、社会主义旗帜，在全社会画出最大同心圆，铸牢中华民族共同体意识，促进各民族像石榴籽一样紧紧抱在一起，并广泛团结海外侨胞和归侨侨眷，共同致力于中华民族伟大复兴；需要我们同世界各国人民同心协力，努力构建人类命运共同体，共建和平、安宁、繁荣、开放、美丽的世界，共同创造人类的美好未来。“大鹏之动，非一羽之轻也；骐骥之速，非一足之力也”②，只要13亿中国人民始终发扬这种伟大团结精神，就一定能够形成勇往

---

① 习近平：《在北京大学师生座谈会上的讲话》，人民出版社2018年版，第12页。

②《潜夫论 · 释难》。

直前、无坚不摧的前行的伟力。

在几千年历史长河中，中国人民发扬伟大梦想精神，心怀梦想、不懈追求，不仅形成了小康生活的理念，而且秉持天下为公的情怀，在追梦的路上披荆斩棘。在中国特色社会主义新时代，我们需要继续弘扬伟大梦想精神，勇担使命、实干兴邦，努力实现国家富强、民族振兴、人民幸福的中国梦。中国梦凝聚着近代以来几代中国人的夙愿，是激励中华儿女团结奋进、开辟未来的精神旗帜，体现了中华民族和中国人民的整体利益。当前，我们面临的新时代，既是近代以来中华民族发展的最好时代，也是实现中华民族伟大复兴的最关键时代。党的十九大报告描绘了决胜全面建成小康社会、开启全面建设社会主义现代化国家新征程、实现中华民族伟大复兴中国梦的宏伟蓝图。把蓝图变为现实，需要全国各族人民自觉承担伟大时代使命，以坚忍不拔的努力、脚踏实地的劳动，把伟大梦想付诸实践。“追梦需要激情和理想，圆梦需要奋斗和奉献”①，只要13亿中国人民始终发扬这种伟大梦想精神，就一定能够实现中华民族伟大复兴。

三、激发弘扬伟大民族精神的主体自觉

弘扬伟大民族精神，需要充分发挥党的引领作用。中国共产党是中国工人阶级的先锋队，是中国人民和中华民族的先锋队，同时也是伟大民族精神的忠诚继承者和坚定发扬者。在新时代的新征程中，有效弘扬伟大民族精神，必须切实推进党的建设新的伟大工程，持之以恒加强全面从严治党，不断增强党自我净化、自我完善、自我革新、自我提高的能力，确保党在世界形势深刻变化的历史进程中始终走

① 习近平：《在北京大学师生座谈会上的讲话》，人民出版社2018年版，第3页。

在时代前列，在应对国内外各种风险和考验的历史进程中始终成为全国人民的主心骨，在坚持和发展中国特色社会主义的历史进程中始终成为坚强领导核心。唯有这样的党，才能充分发挥时代先锋、民族脊梁的作用，有力担起时代赋予的历史使命，更有定力、更有自信、更有智慧地带领全国人民将伟大民族精神转化为伟大社会实践，创造历史的伟业。

弘扬伟大民族精神，需要全民的共同行动。人民是历史的创造者，历久弥新的中华民族精神是中国人民培育的。新时代属于每一个人，每一个人都是新时代的见证者、开创者和建设者。弘扬伟大民族精神，需要 13 亿中华儿女的每一分子都成为创造、奋斗、团结、梦想精神的承载者、弘扬者、践行者。我们中华民族大家庭中的每一位成员，都应当不断增强历史使命感和责任感，立足本职、胸怀全局，自觉把人生理想、家庭幸福融入国家富强、民族复兴的伟业之中，把个人梦与中国梦紧密联系在一起；应当不断增强实干精神，以时不我待、奋力拼搏的激情，焕发劳动热情、释放创造潜能，通过辛勤劳动、诚实劳动、创造性劳动，解决个人发展和社会发展中遇到的各种问题、创造更加美好的生活；应当齐心协力、众志成城，心往一处想、劲往一处使，共同维护社会和谐稳定、国家统一安全，以主人翁姿态为实现中华民族伟大复兴做出自己的贡献。

弘扬伟大民族精神，需要唤起青春的力量。青年是国家的希望、民族的未来。青春理想、青春活力、青春奋斗是中国精神和中国力量的生命所在。当代青年是同新时代共同前进的一代，既拥有广阔发展空间，也承载着伟大时代使命。对青年来说，这是最大的人生际遇，也是最大的人生考验。弘扬伟大民族精神，需要广大青年在奋斗中释放青春激情、追逐青春理想，做到理想坚定、信念执着、不怕困难、勇于开拓、顽强拼搏、永不气馁，把自己的理想同祖国的前途、把自己的人生同民族的命运紧密联系在一起，扎根人民、奉献国家；需要广大青年不断学习、不断实践，求真学问、练真本领，知行合一，努力成为有理想、有学问、有才干的实干家，不辱时代使命、不负人民期望，勇做走在时代前列的奋进者、开拓者、奉献者，以青春之我、奋斗之我，汇成永远青春的国家、永远向前向上的民族。

为伟大民族精神注入不竭青春能量

伟大的民族从来都是与伟大的精神相伴而行的。在漫漫历史进程中，中华民族培育形成了伟大的中华民族精神，创造了辉煌璀璨的中华文明。中华民族精神，是中华民族生生不息的历史积淀，更是中华民族开创未来不可缺少的精神条件，是中华民族新的长征路上应当嘹亮奏响的“时代之歌”。在第十三届全国人民代表大会第一次会议上的讲话中，习近平总书记饱含深情地阐述了伟大的中华民族精神，并明确指出：“有这样伟大的人民，有这样伟大的民族，有这样的伟大民族精神，是我们的骄傲，是我们坚定中国特色社会主义道路自信、理论自信、制度自信、文化自信的底气，也是我们风雨无阻、高歌行进的根本力量！”① 在北京大学与师生的座谈中，习近平总书记再次论及中华民族精神，强调：“这种伟大精神是一代一代中华儿女

① 习近平：《在第十三届全国人民代表大会第一次会议上的讲话》，人民出版社 2018 年版，第 6 页。

创造和积淀出来的，也需要一代一代传承下去。”①

把伟大中华民族精神“一代一代传承下去”，是对当代青年的殷切寄语。新时代，已经成为指称我们当下所处发展阶段和历史方位的标志性话语。这一标志性话语，浓缩着艰辛和顽强，内含着从容和自信，更呼唤着使命与担当。习近平总书记指出：“我们面临的新时代，既是近代以来中华民族发展的最好时代，也是实现中华民族伟大复兴的最关键时代。”② 青年人如何面对这个最好的时代和最关键的时代，如何回答新时代提出的青春考卷，既关系到当代青年人生之路的选择，也关系到新时代能否在青春能量的激情汇聚中绽放出新的精彩。最好的时代，为青年提供了有着无限可能的人生际遇；最关键的时代，给青年提出了担当民族复兴大任的时代要求。生逢中华民族最好时代、最关键时代的当代青年，也正处于自己人生最好的阶段、最关键的阶段，既风华正茂、彩绘着梦想，也面临着各种各样的选择和考验、怀揣着各种各样的渴望和期待，激情迸发地准备开启自己最精彩的人生远航。担当时代赋予的责任，是人生发展黄金期与民族复兴关键期历史性地叠合于一起的当代青年的神圣使命。十八大以来，习近平总书记反复寄语青年，希望广大青年把人生理想融入国家和民族的事业中，在自己所处的时代条件下谋划人生、创造历史，做与新时代共同前进的一代。把伟大民族精神“一代一代传承下去”的要求，在此基础上进一步阐明了新时代的青年应有的精神风貌，对当代青年如何才能不辜负这个最好的时代和最关键的时代、成为担当民族复兴大任的时代新人，再次给出了明确的指引。当代青年传

① 习近平：《在北京大学师生座谈会上的讲话》，人民出版社 2018 年版，第 5 页。

② 习近平：《在北京大学师生座谈会上的讲话》，人民出版社 2018 年版，第 11 页。

承好伟大的民族精神、担当好时代的使命，就要自觉传承和发扬伟大的创造精神，在勤学中打牢创新创造的根柢，增进敢为人先、敢开风气之先的锐气，磨砺勇于超越的雄心；就要自觉传承和发扬伟大的奋斗精神，以不懈的向前向上，进取开拓、顽强拼搏；就要自觉传承和发扬伟大的团结精神，胸怀大局、心有大我，像石榴籽一样紧紧地抱在一起，汇聚同心同德、同向同行的力量；就要自觉传承和发扬伟大的梦想精神，时刻不停下逐梦而行、向新而行的脚步，既做逐梦人，更做圆梦人，在上下求索中将美好的理想转化为真切的现实。

把伟大中华民族精神"一代一代传承下去"，是对中国教育的战略要求。培养什么人、怎样培养人，是任何教育都必然涉及的根本问题。如何回答这一问题，是区分不同性质教育的重要标示。在同北京大学师生们的座谈中，习近平总书记再次提出了这一问题，并开宗明义给出了"一个明确答案"，即"我们的教育要培养德智体美全面发展的社会主义建设者和接班人"①。也正是在对这一"明确答案"的阐述中，习近平总书记特别强调要把伟大民族精神"一代一代传承下去"。这些论述，启示着我们更加自觉地理解和践行中国教育的本质规定、更加深刻地把握德智体美全面发展的社会主义建设者和接班人的丰富内涵，也揭示了我们在新的时代条件下传承伟大中华民族精神的具体要求。伟大的中华民族精神，是中华民族的特质和禀赋，是中华民族的精神家园，是滋养一代又一代中华儿女家国情怀的精神园圃。中华民族的每一分子，都应当是伟大中华民族精神的传承者、发扬者和践行者。一如习近平总书记所指出的那样："我们是中华儿女，要了解中华民族历史，秉承中华文化基因，有民族自豪

---

① 习近平：《在北京大学师生座谈会上的讲话》，人民出版社 2018 年版，第 4 页。

感和文化自信心。”① 培养中华民族精神的忠诚传承者、发扬者和践行者，是中国教育的天职。但同时要看到的是，伟大的中华民族精神之所以伟大，重要原因之一即在于它永远是与时偕行的，在时代激流的洗礼、时代精神的盈注中更加磅礴巍然。在当今时代，中国特色社会主义是我们党全部理论和实践的主题；实现社会主义现代化和中华民族伟大复兴，在全面建成小康社会的基础上，分两步走，在21世纪中叶建成富强民主文明和谐美丽的社会主义现代化强国，是我们的总任务。这一时代主题和总任务，昭示着中华民族精神在当今时代的具体内涵，清晰回答了我们应有怎样的梦想、应为着什么而创新创造、团结奋斗的问题。换言之，当今时代的中华民族和中国青年所应当大力弘扬的伟大创造精神、奋斗精神、团结精神、梦想精神，不是模糊抽象的，而是生动具体的，是直接指向于坚持和发展中国特色社会主义、实现中华民族伟大复兴的创造精神、奋斗精神、团结精神、梦想精神。我们应当在中华民族精神与当代中国最鲜明时代主题和总任务的结合中，深化对中华民族精神时代内涵的认识，增进对德智体美全面发展的社会主义建设者和接班人素质要求的理解。

把伟大中华民族精神“一代一代传承下去”，是一项系统工程，需要汇聚各方的合力，需要锲而不舍地久久为功。一方面，传承好中华民族精神，要求我们的教育时刻将立德树人真正摆在首要的位置、立为根本的任务。教育的本质在育人、主业在育人，育人的水平是衡量任何一个类型的学校最通用、最根本、最精确的标尺。培养有精神根脉、有家国情怀、有人生脊梁、有担当自觉的德智体美全面发展的中国特色社会主义建设者和接班人，是中国特色社会主义教育性质和质量的根本标志。另一方面，传承好中华民族精神，要求我们将中

① 习近平：《在北京大学师生座谈会上的讲话》，人民出版社2018年版，第12页。

华民族精神的教育与马克思主义理论的教育紧密地结合起来、融为一体。马克思主义是我们立党立国的根本指导思想，是我国大学最鲜亮的底色。马克思主义的命运早已同中国共产党的命运、中国人民的命运、中华民族的命运紧紧连在一起，也与中华民族精神深深地交融在一起。在新时代传承好中华民族精神，需要加强马克思主义理论教育，引导学生学会运用马克思主义的立场观点方法观察世界、分析世界，真正搞懂面临的时代课题，深刻把握世界发展走向，认清中国和世界发展大势，坚定中国特色社会主义的道路自信、理论自信、制度自信、文化自信，积极践行社会主义核心价值观，坚定实现民族复兴的梦想，充分释放为着实现民族复兴的梦想而创新创造、团结奋斗的激情与活力。此外，传承好中华民族精神，还要求我们坚持民族精神教育、能力本领训练、践行实干引导的有机统一。“道虽迩，不行不至；事虽小，不为不成。”① 伟大的中华民族精神应当为我们叹赏心慕，更应当为我们实实在在地付诸实践，转化为行动的力量。与此相应，我们应将中华民族精神教育融入贯穿到人才培养体系的方方面面，与知识教育、能力训练、价值养成等紧密地结合起来，引导青年学生努力成为有理想、有学问、有才干的实干家，在知行合一、知行互促中增进对中华民族精神的理解、增进担当民族复兴大任的自觉。

习近平总书记指出：“青春理想，青春活力，青春奋斗，是中国精神和中国力量的生命力所在。”② 高擎中华民族精神火炬的一代代青年的茁壮成长，也将使得我们的民族开创新时代的新气象具有无穷的青春力量。

---

①《荀子·修身》。

② 习近平：《在北京大学师生座谈会上的讲话》，人民出版社2018年版，第2页。

柒

文化自信与学术话语

一种哲学社会科学体系，形成并彰显出自己特色、风格和气派，需要实践的滋养锤炼、历史的淘洗筛验、学术共同体的接续努力，是发展到一定阶段的产物，是成熟的标志，是实力的象征，也是自信的体现。

让世界听清晰中国学术的声音，可以为中国的发展赢得更多的理解、友善和尊重，让国人听透彻中国学术的声音，可以为中国的发展注入更强的精神动力和智慧支撑。

建设学术话语体系，需要关注“如何言说”的问题，更要关注“言说什么”的问题，需要以“思想”与“道”的建设为根本，构建能把中国故事背后的道理说透的学术体系、既“中用”又“耐听”的学术体系。

构建中国特色的哲学社会科学

建设中国特色中国风格中国气派的哲学社会科学，是我们党关于哲学社会科学繁荣发展的一贯要求，是中国学人长期以来的不懈追求。一种哲学社会科学体系，形成并彰显出自己的特色、风格和气派，需要实践的滋养锤炼、历史的淘洗筛验、学术共同体的接续努力，是发展到一定阶段的产物，是成熟的标志，是实力的象征，也是自信的体现。当代中国的哲学社会科学，走过百年艰辛历程、历经几代学人探索开拓、与革命建设改革一路同行而至今日，已经站在新的历史起点上。新的起点，为我们的哲学社会科学进一步彰显自己的特色、风格和气派，奠定了坚实的基础，也提出了更为紧迫的要求。习近平总书记在哲学社会科学工作座谈会上的讲话，以加快构建中国特色哲学社会科学为主题和主线，对为什么以及如何加快构建中国特色哲学社会科学等一系列问题做出了深刻论述，确立了引领当代中国哲学社会科学繁荣发展的行动纲领。

一、构建中国特色中国风格中国气派的哲学社会科学，要坚持立足中国这个首要的要求

在座谈会上，习近平总书记就构建中国特色中国风格中国气派的哲学社会科学提出了立足中国、借鉴国外，挖掘历史、把握当代，关怀人类、面向未来的思路。立足中国，之所以摆在这一发展思路的首位，是因为这是我们的哲学社会科学形成自己的特色风格与气派的根本。任何学术的特色，归根到底，都植根于特定主体特殊的文化背景与生产生活实践。立足中国实际，最核心的就是要聚焦中国问题，以我们正在做的事情为中心，以中国特色社会主义建设提出的重大问题为主攻方向，提炼出有学理性的新理论，概括出有规律性的新实践。立足中国实际，还要求我们传承优秀传统，加强对中华优秀传统文化的挖掘和阐发，推动中华文明创造性转化、创新性发展，充分汲取中华民族漫长奋斗积累的文化养分。立足中国实际，还要求我们珍视中国特色哲学社会科学的主体内容及其发展的最大“增量”，即马克思主义基本原理和马克思主义中国化形成的成果及其文化形态，进一步夯实这一主体内容，深化已有“增量”的研究，努力形成新的“增量”。中国学术，只有扎根在中国的大地上，才能展现出中国特色的卓然风姿。

二、构建中国特色中国风格中国气派的哲学社会科学，要始终扣紧创新这个永恒的学术主题

中国特色中国风格中国气派绝不简单等于古色古香的中国，它具有中华文明优秀传统的底蕴，同时，在现时代这个学术发展、竞争中的真实场域中，它更是当代中国思想和智慧的展示。唯有创新，一

种思想文化或学术体系才能随着对新问题的探索求解而不断更化发展，葆有对社会发展的有效解释力和引领力；其所呈现的特色、风格与气派，才会是具有生命活力和现实意义的特色、风格与气派。深化学术创新，需要我们切实增强问题意识。问题是创新的起点，也是创新的动力源。当代中国的建设实践，没有母版可以套用、没有现成教科书可资参考，提出了许多急需创造性探索予以回答的大问题、真问题、新问题，为一切富有创造性的学术驰骋提供了广阔空间。紧紧抓住这些问题，是当下的中国学术不辜负当下时代的前提。深化学术创新，还需要在关注新问题的基础上，坚持中国人的世界观和方法论，对问题做出自己的新探索、新求解，提出能够体现中国立场、中国智慧、中国价值的理念、主张、方案。只有以我国实际为研究起点，提出具有主体性、原创性的理论观点，我国哲学社会科学才有自己的底气和影响力，才能形成自己的特色和优势。

三、构建中国特色中国风格中国气派的哲学社会科学，要坚持学科体系、学术体系、话语体系建设整体推进

学术体系是哲学社会科学的思想理论、观点方法的综合体，是“道”；学科体系展现着学术体系的内容分类，也是学术研究开展及学术教育传承等的组织机制，是“体”；话语体系是由表达、呈现学术体系的概念、范畴等构成的系统，是“言”，三者相互影响、互不可分。学科体系的建设，关键是要进一步增进与社会发展的联系，突出优势、拓展领域、补齐短板、完善体系，使基础学科健全扎实、重点学科优势突出、新兴学科和交叉学科创新发展、冷门学科代有传承。话语体系的建设，核心任务是要提炼形成标识性概念，打造易于为国际社会所理解和接受的新概念、新范畴、新表述，在解读中国实践、

构建中国理论上，形成中国学术的话语权。有生命力的学科体系、话语体系的背后，是思想，是“道”。因而，学科体系、话语体系建设的推进，离不开学术体系建设的深化。坚持以马克思主义为指导、以重大问题为主攻方向及以人民为中心的研究导向，努力开展创新性研究，拿出日趋丰富的原创性成果，学术体系才会更加充实，学科体系才会有内涵、有灵魂，话语体系才会有穿透力和感染力。

四、构建中国特色中国风格中国气派的哲学社会科学，要把人的建设作为最根本的建设

在座谈会上，习近平总书记多次细数中外学术史上的名家巨匠及其鸿篇巨制，阐述其在人类文明史上的意义，所推动与体现的知识变革、思想先导，给人以强烈震撼和深深启示。繁荣学术，人才为本；学术的繁荣，根本的标志也在辈出的人才及其不朽的作品。构建中国特色哲学社会科学，要从人抓起，积极实施以育人育才为中心的哲学社会科学整体发展战略。实施好这一战略，核心是要把人的建设摆到哲学社会科学各类建设举措的中心位置，既能立足当下把各类人才汇聚得起、使用得好，使人尽其才、才尽其用成为学术发展中的常态，又能面向未来加强新人的培养，积极涵育哲学社会科学持续繁荣发展的能力和未来中坚，使各类建设工程成为“有人”的工程、“出人”的工程而非“数字”的、形式的“工程”。实施好这一战略，还要求加快科研管理体制的改革创新，为解放和发展科研生产力、实现学术创造活力的充分涌流营造良好的制度环境。育人育才，离不开学人的“自育”“自律”。哲学社会科学工作者要按照习近平总书记的要求，牢固树立为人民做学问的理想，端正学风、严守规范，努力在为祖国、为人民立德立言中成就自我、实现价值。

中国特色哲学社会科学“特”在原创性

习近平总书记在哲学社会科学工作座谈会上的讲话，着眼于我国社会发展、人类社会发展的大历史大逻辑大趋势，基于对哲学社会科学发展规律的深刻把握，精辟论述了哲学社会科学的地位和作用，以加快构建中国特色哲学社会科学为主题和主线，深刻阐述了为什么要构建中国特色哲学社会科学、如何构建中国特色哲学社会科学的一系列根本性问题，鲜明地表达了当代中国在经济崛起的同时实现学术和思想文化崛起、在硬实力提升的同时推动软实力提升的自信与自觉，是在新的时代境遇中加快构建中国特色哲学社会科学的行动纲领。

在哲学社会科学工作座谈会上的讲话中，习近平总书记强调中国特色哲学社会科学的根本标志是坚持以马克思主义为指导；中国特色哲学社会科学应当体现继承性、民族性、原创性、时代性、系统性、专业性，对中国特色哲学社会科学究竟“特”在哪里做出了战略性的回答，为当代中国的哲学社会科学进一步彰显自己的特色、风格和气派，彰显自己的实力与自信确立了行动指南。加快构建中国特色哲学社会科学，就是要围绕中国和世界发展中的重大问题，拿出中国人自己的原创性成果来，提出中国方案，贡献中国智慧。一如习近平总书记所指出的那样："我们的哲学社会科学有没有中国特色，归根到底要看有没有主体性、原创性。"①

一、加快构建中国特色哲学社会科学，拿出当代中国学人原创性的学术成果来，是当代中国哲学社会科学发展面临的总任务

建设具有中国特色的哲学社会科学，是中国共产党和中国学人的不懈追求。从开始用现代社会科学方法来研究我国社会问题、在中国的大地上推进社会科学各学科发展之时起，研究自己的问题、形成自己的特色、彰显自己的特性便成为许多仁人志士的自觉努力。1938 年毛泽东在《论新阶段》中提出"马克思主义的中国化"这一命题之后，学界也便随之掀起影响广泛的"学术中国化"的讨论和运动。中华人民共和国成立之后特别是改革开放以来，建设具有中国特色中国风格中国气派的哲学社会科学，越来越成为当代中国哲学社会科学繁荣发展的核心主题。然而，我们同样应当看到的是，当代中国的哲学社会科学，离真正彰显出自己的特色、风格与气派，还有很大的距离。讲到当代中国哲学社会科学的发展状况时，习近平总书记指出，我们的学科体系、学术体系、话语体系建设水平总体不高，学术原创能力还不强；我国是哲学社会科学大国，研究队伍、论文数量、政府投入等在世界上都是排在前面的，但目前在学术命题、

①《习近平谈治国理政》第二卷，外文出版社 2017 年版，第 341 ～ 342 页。

学术思想、学术观点、学术标准、学术话语上的能力和水平同我国综合国力和国际地位还不太相称。这些论述，都客观点明了当代中国哲学社会科学发展在展现自己的特色、形成自己的影响力等方面存在的问题。哲学社会科学的特色、风格、气派，是发展到一定阶段的产物，是成熟的标志，是实力的象征，也是自信的体现。因此，加快构建中国特色哲学社会科学，拿出当代中国学人原创性的学术成果来，是当代中国哲学社会科学发展面临的总任务。

二、拿出当代中国学人原创性的学术成果来，前提是要真正立足中国的实际，聚焦当代中国发展进步面临的具有自己独特性的大问题、真问题

问题是创新的起点，也是创新的动力源。古往今来，一切有创新的研究成果，无不来自于对新问题的敏锐把握，或对已有问题的创造性新解。前无古人的中国特色社会主义建设实践，需要用发展着的理论来指导，也为理论的创新发展提供了前所未有的历史机遇与广阔空间。习近平总书记指出："当代中国的伟大社会变革，不是简单延续我国历史文化的母版，不是简单套用马克思主义经典作家设想的模板，不是其他国家社会主义实践的再版，也不是国外现代化发展的翻版，不可能找到现成的教科书。"①之所以我们所处的时代是一个需要理论而且一定能够产生理论的时代、一个需要思想而且一定能够产生思想的时代，根本原因就在于当代中国正经历着的我国历史上最为广泛而深刻的社会变革、正进行着的人类历史上最为宏大而独特的实践创新，提出了许多尚无答案、急需创造性的探索予以回

①《习近平谈治国理政》第二卷，外文出版社 2017 年版，第 344 页。

答的大问题、真问题、新问题。在讲话中，总书记从五个“面对”的宽阔视野出发提出的一系列“如何”，都是我国发展和我们党执政面临的重大理论和实践问题，都是迫切需要中国特色哲学社会科学着力求解的重大课题，都是哲学社会科学可以也应该大有作为的地方。真正直面这些具有自己独特性的大问题、真问题、新问题，而不是简单地“从书本上讨生活”①，当代中国学术才有可能形成具有独创性的研究成果，才能不辜负这个时代。

三、拿出当代中国学人原创性的学术成果来，关键是要坚持中国人的世界观和方法论，用具有中国人主体性的理论和方法观察、分析和解答问题

任何学术研究，都有一个立场问题，不可能“价值无涉”；都有一个用什么的世界观和方法论即“分析工具”开展研究的问题，照猫画虎解决不了问题。不加分析把国外学术思想和学术方法奉为圭臬，一切以此为准绳，没有独创性可言；用国外的方法得出与国外同样的结论，也没有独创性可言。中国特色的哲学社会科学，应当体现的一定是中国立场，是中国人的世界观和方法论，其中最根本的，就是要坚持马克思主义的立场、观点和方法，以马克思主义为我们观察世界和中国、研究问题的科学工具，从我国实际出发，坚持实践的观点、历史的观点、辩证的观点、发展的观点，在实践中认识真理、检验真理、发展真理。坚持用中国人的世界观和方法论来观察、分析和解答问题，与积极吸收借鉴各民族已有优秀研究成果并不排斥。对不同民族的优秀研究成果及其方法的广泛吸收和充分借鉴，对于中

①《毛泽东选集》第一卷，人民出版社 1991 年版，第 111 页。

国特色哲学社会科学的建设而言，都是有益的滋养。强调坚持中国人的世界观和方法论，并不是要把自己封闭起来、闭目塞听，不是要不看对象、居高临下、自说自话，而是强调在大胆吸收外来的同时，不邯郸学步、不人云亦云、不失去自我，能够在中国发展问题上真正形成自己透彻的认知、科学的阐述、精彩的表达，能够在人们共同关注的全球性问题上做出体现中国智慧的新观察和新解答。在任何学术交流中，听众都希望听到新鲜的东西。用中国人自己的世界观和方法论做出创新性的探索和创新性的成果，中国学术才能在世界范围内赢得更多的倾听和尊重。

四、拿出当代中国学人原创性的学术成果来，需要我们破除各种形式的教条主义

一是要破除“洋教条”。习近平总书记指出：我们不能把在一定地域和历史文化中具有合理性的理论观点和学术成果简单“套在各国各民族头上、用它们来对人类生活进行格式化，并以此为裁判”；“对国外的理论、概念、话语、方法，要有分析、有鉴别，适用的就拿来用，不适用的就不要生搬硬套。哲学社会科学要有批判精神，这是马克思主义最可贵的精神品质”①。在我们当下的学术研究中，以洋为尊、唯洋是从，片面地用西方标准来裁剪中国现实、开列种种药方的现象还比较普遍。构建中国特色哲学社会科学，应当告别这种简单的“取经”学术、“取经”文化。二是要破除对马克思主义的教条化理解和运用。在座谈会上的讲话中，习近平总书记反复强调中国特色哲学社会科学的建设要坚持以马克思主义为指导。坚持以马克思主义为

---

①《习近平谈治国理政》第二卷，外文出版社 2017 年版，第 341 页。

指导，需要我们懂“马”信“马”，在弄懂弄通马克思主义基本原理上下足功夫，将马克思主义的立场、观点、方法内化为自己研究过程中的自觉持守与自觉运用，转化为自己研究过程中清醒的理论自觉、坚定的政治信念、科学的思维方法。马克思主义不是束缚思维的教条，不是装点门面的挂画，更不是只要在房门上一贴便可“万事大吉”的门神，而是发展的理论、进行研究工作的指南。恩格斯曾经批评过的那些“把它当作现成的公式，按照它来剪裁各种历史事实”①、“当作标签贴到各种事物上去，再不作进一步的研究，就是说，他们一把这个标签贴上去，就以为问题已经解决了”②等现象，都不是以科学的态度在对待马克思主义，也不是以马克思主义的态度在对待科学研究，应当引以为戒。

---

①《马克思恩格斯选集》第 4 卷，人民出版社 2012 年版，第 595 页。

②《马克思恩格斯选集》第 4 卷，人民出版社 2012 年版，第 599 页。

从更宽眼界看学术话语体系建设

在哲学社会科学工作座谈会上，无论是对当前中国哲学社会科学发展状况的回顾与分析，还是对加快构建中国特色哲学社会科学的系统阐述，习近平总书记都明确讲到了学术话语体系问题。形成具有自己特色和广泛影响力的学术话语体系，是构建中国特色哲学社会科学的重要任务，也是我们的哲学社会科学真正具备自己的特色、风格与气派的重要标志。

近年来，围绕学术话语体系建设问题，学界已经展开了许多极具意义的研究。其中不少研究更多聚焦于“对外”，聚焦于“如何言说、表达、传播”，聚焦于如何让世界“听得懂”中国的声音。的确，这些都是学术话语体系建设应当关注的重要问题。但是，仅将着力点放在这些问题的求解上，无疑会漏掉学术话语体系建设应当仔细观照到的全景。

当今阶段的中国哲学社会科学，之所以特别需要关注话语体系的建设，有重要的现实背景与动因。简而言之，就是要尽力消除中国学术与世界、与国人、与我们自己的建设实践之间程度不同然却客观存在的“隔膜”。面对世界，我们的哲学社会科学声音还比较小，既存在有理说不出、说了传不开的困境，也有我们的讲述不能满足世界“认识中国”渴求的现象。面对国人，我们的许多哲学社会科学成果还止步于“象牙塔”内的“小众化”，尚需要以人民群众喜闻乐见的风格与形式走进“大众”，满足人们“认识自己”“认识世界”的渴求。中国学术需要讲给世界听，同时也需要讲给国人听。人们经常议及的学术话语体系建设中要“融通中外”，既可以指学术话语体系建设要善于吸纳中外有益营养，指我们的学术研究要立足中国同时关怀人类，也应当指我们的学术话语既要能够让世界听得清晰，也要让国人听得透彻。让世界听清晰中国学术的声音，可以为中国的发展赢得更多的理解、友善和尊重，让国人听透彻中国学术的声音，可以为中国的发展注入更强的精神动力和智慧支撑。但现实中，不难发现的却是内、外都听不懂的“洋泾浜腔”充斥于所谓的学术研究。兼顾人我、融通中外，是学术话语体系建设应有的视野。

学术话语体系的建设，还要有效化解中国学术与中国实践之间的“隔膜”，努力满足中国实践对创新理论的“渴求”。如同世界之于中国、国人之于自己和世界存在认识与理解的“渴求”一样，当代中国的建设实践也存在一种“渴求”——对创新理论的渴求。当代中国的建设实践，没有任何“母版”“模板”，也不是任何成例的“再版”“翻版”，它需要以广博的胸怀吸纳各种有益的营养，更需要在此基础上形成自己引领新实践、解释新实践的理论。这种理论的生成和成长，需要有发达的根系深深扎植在中国实践的深厚土壤之中。然而，当下的学术研究中，却有一些时弊把理论与实践拉得越来越远，如满足于“在文本上讨生活”、迷恋于向西方“鹦鹉学舌”。简单“从文本中讨生活”的研究，自然与实践隔着一层，无法真正“说出个道道”

来，透彻解释实践、有效引领实践。“学舌”之语，自然无法真切地向他者说明自我，且别人一听就懂，但一听而过，无人会花工夫细心研读、广为传播。基于这些范式而形成的话语，既于中国实践“无用”，也不可能在传播中国故事中让人愿听、耐人寻味。“话语的背后是思想、是‘道’”①；话语体系的困境，折射的是学术体系的困境。建设学术话语体系，需要关注“如何言说”的问题，更要关注“言说什么”的问题，需要以“思想”与“道”的建设为根本，构建能把中国故事背后的道理说透的学术体系、既“中用”又“耐听”的学术体系。

推进学术话语体系建设，也要积极构建以我为主、开放包容的学术交流、发表、评价的平台与机制。时至今日，有关重要的国际学术组织、学术期刊、学术评价数据库等，体现的仍然是西方世界的主导性。这些学术组织、期刊、数据库等等构成的学术交流、发表与评价机制，实即西方学术话语权极其有力的制度支撑。据统计，SSCI收录的3216种期刊中，美国1364种，占42.41%；英国979种，占30.44%；中国大陆11种，仅占0.34%；语种为英语的期刊2883种，占89.65%；没有一种以汉语为办刊语种的期刊。A&HCI收录的1898种期刊中，美国的为629种，占33.14%；英国的为438种，占23.08%；中国大陆5种，占0.26%；以办刊语言计，英语类1266种，占66.70%；汉语类3种，仅占0.16%。这种状况，影响着中国学术发声的空间，更影响着中国学术发声的“方式”，换言之，即会潜移默化地改造中国学术的话语体系。学术话语体系，看似学术内容的呈现、言说、传播问题，实际上它也有力地确立了相应学术研究的主旨、意趣、路径、分析框架，重塑着研究者的学术思维，影响着学术研究的方向与走势。当下中国学界存在的有关弊病，与这些方面对学术话

① 中共中央文献研究室编:《习近平总书记重要讲话文章选编》，中央文献出版社、党建读物出版社2016年版，第433页。

语体系的影响不无关系。建设具有自己特色和优势的学术话语体系，既要提升我们的学术质量、夯实我们的学术体系，也要搭建传播我们思想文化的宽阔平台。

概言之，推进学术话语体系建设，我们需要进一步打开眼界，融通“中”与“外”，贯联并统筹建设中国学术的“言”“道”“器”。

学术话语体系建设的理与路

近年来，学术话语体系的建设越来越受到关注。在哲学社会科学工作座谈会上，习近平总书记将话语体系与学科体系、学术体系建设的统筹推进明确概括为加快构建中国特色哲学社会科学的重要任务；在全国高校思想政治工作会议上，习近平总书记再次强调了创新学术话语体系的问题。学术话语体系是学术研究活动所形成的重要成果，是学术研究质量、风格、实力的具体体现；这种成果产生形成之后，也便深深渗入学术活动之中，影响着学术领域的再生产，成为知识与价值传播传递中的重要内容，在更广的范围影响着社会主体即人的塑造。建设文化强国，以及为国育才造士，不能不关注学术话语体系的建设。

学术话语体系建设意义之重，体现在诸多层面。一则，学术话语的发展革新是学术发展进步的重要标志。诚如恩格斯所言："一门科学提出的每一种新见解都包含这门科学的术语的革命。"① 文化领域

①《马克思恩格斯文集》第5卷，人民出版社2009年，第32页。

中赋古语以新意，踏着时代发展的鼓点提出新的概念范畴，也都标志着文化向前的步伐。一则，学术话语是国家文化软实力的重要资源。文化软实力非金钱所可购进，而须靠文化的魅力赢得。承载着思想、价值、理念，具有自己风格神韵和穿透力的学术话语是赢得软实力的重要依凭。正因如此，“软实力”概念的提出者约瑟夫·S. 奈才有信息时代“话语成为软实力的货币”[①]之言。一则，学术话语塑造着学人的思维方式，影响着人们的文化新观察和新建设。之所以我们应当加快构建具有中国特色的学术话语体系，重要原因之一也正在于中国人思考中国问题、分析世界大势的世界观和方法论不能简单被他者塑造而失却自己的主体性，不能陷入“跟着说”的迷局而失却了表达自我、提出新见的意识和能力。一则，学术话语还关系到文化的理解、文明的互鉴。我们对一种文化体系能不能准确、深入地理解，要害在于我们能不能准确理解这个文化体系里核心的概念范畴。不论就我们理解别人而言，还是就别人理解我们来看，学术话语都是一把离不开的钥匙。一则，学术话语也与文化安全紧紧地联系在一起。有俄罗斯学者曾叹：“（西方的）操纵家们炮制了洪涛巨流般的、含义令人捉摸不定的谬误理念和模棱两可的语词”，“委婉动听而又新颖别致的名词术语”，“并把它们向公众倾泻”[②]；“在俄国，大众意识中已被灌输进去一连串的幽灵语言，要将这套东西逐出我们的家园谈何容易”[③]。话语的背后是思想，是“道”，是价值观

① [美]约瑟夫·S. 奈著，王吉美译：《权力大未来》，中信出版社 2012 年版，第 147 页。

② [俄]谢·卡拉—穆尔扎著，徐昌翰等译：《论意识操纵》（下），社会科学文献出版社 2004 年版，第 499 页。

③ [俄]谢·卡拉—穆尔扎著，徐昌翰等译：《论意识操纵》（下），社会科学文献出版社 2004 年版，第 512 页。

念，天然地与文化安全联系胶着一体。就此而言，学术话语体系建设既是对外文化传播之需，也深含对内推动文化创新、维护文化安全之义。

学术话语体系建设的目标是要在认识世界、探索真理、服务发展的进程中，形成具有我们自己主体性、原创性的概念、范畴、原理，为解答中国问题构建管用的理论，为人类文明的百花园奉献中国学术当有的鲜亮色彩。学术话语体系建设绝非是要关起门来自我欣赏“家乡话”，而是要在充分吸收外域文明优长的基础上，形成有自己特色与见解且又能具有广泛吸引力、影响力的“中国声音”“中国见解”。

建设这样的学术话语体系，需要“统观内外”。把我们的学术话语体系建设好，提升对外讲好中国故事的能力，让世界听得清楚中国的声音，是话语体系建设所指向的一个方面，但非全部。当代中国的学术，既要勇于、善于面对世界，讲给世界听，也要勇于、善于讲给国人听；既要让世界听得清晰，也要让国人听得透彻。让世界听清晰中国的声音，可以为中国的发展赢得更多的尊重、理解和友善；让国人听得清楚中国学术的声音，可以为中华民族整体文化素质的提升、为我们的发展积蓄和注入理论的、文化的、精神的能量。学术话语体系建设之“融通中外”，要义当在于此。

建设这样的学术话语体系，需要“活用传统”。中国优秀传统文化中富有当代中国文化建设应当开掘、采借、继承的资源，这些资源也是当下的学术话语体系建设所当尊重与关注的对象。在现时的学术研究中，不少人习惯于、满足于甚或热衷于向西探索、追溯学术概念范畴、命题、观点之源，去“寻找”“发现”值得进一步展开去“叙说”、去“印证”的论题和问题。其实，将自己的思想传统、本土的学术资源闲置“界外”，既乏学术自信，也无以厚植自己的学术根底。对一切问题、论题、命题都非要找个“中学之源”固不可取，但只在“西学”

中探其源流显然也非治学正途。学术话语体系建设应以开放的胸襟面对一切优秀学术资源，同时注重开掘本土资源，活用传统、用活传统。

建设这样的学术话语体系，需要“通贯言与道”。话语是“言”，但并非所有的话语都能赢得听众、传之久远、形成话语权。有生命力的“话语”、能够形成话语权的“话语”，背后一定有“道”，有深厚的思想，有深刻的识见。学术话语体系与话语权之困，折射的是思想之困。因而，在建设学术话语体系的过程中，既要关注如何言说的问题，更要关注言说什么的问题，把“道”的纵深探索、思想内涵的充实提升与“道”和思想理论的精美传神表达结合起来。换言之，学术话语体系建设，绝非“造词运动”，其所要求的，是高质量的、创新的、久久为功的学术研究。

建设这样的学术话语体系，需要“让话语植根当下，讲时代新话”。让学术话语有根，可从不同角度理解。“用活传统”是要深植文化之根；赢得大众，为海内外学界及社会公众广泛使用、乐于接受和“接着讲”，是要有受众之根，在大众化过程中彰显、激活生命力。让学术话语有根还有一重要理解角度，即要让我们的学术话语扎根在时代的土壤中、讲时代的新话、绽放时代的芳香。这就需要我们勇于面对新的时代、新的实践、新的问题，在综合利用各种思想文化资源的基础上，提出并深研新的、有生命力的概念、范畴、原理。学术研究和学术话语体系的建设中，不能“药方只贩洋人丹”，也不能“药方只贩古时丹”，而是要勇于用实践的炉火，炼出时代新丹。

树立为人民做学问的理想

繁荣发展哲学社会科学，是中国特色社会主义事业的题中之义，是实现国家富强、民族振兴、人民幸福中国梦的客观要求，是提升国家文化软实力的战略支点。在致力于实现学术昌盛的集体努力中，哲学社会科学工作者应当更加自觉地践行群众路线，牢固确立为服务人民繁荣学术的立场持守和精神追求。这是学术繁荣的内在要求，也是学者发展的必由之路。

服务人民，是我们党一贯倡导和坚持的哲学社会科学繁荣发展的重要原则，其核心内涵在于哲学社会科学要自觉地服务于人民群众思想道德素质和科学文化素质的不断提升，服务于人民群众建设事业的科学推进。之所以将服务人民确立为哲学社会科学繁荣发展必须坚持的原则和要求，根本原因在于我们所要发展的文化，包括我们所要发展的哲学社会科学，是民族的科学的大众的，为人民大众服务是我们所要发展的文化和哲学社会科学的本质要求；在于人民群众是历史的创造者，其认识世界和改造世界的主体性越是强大，社会历史合规律性与目的性的发展进程也就越是拥有强大的主体力量依托，中华民族的一个个新梦想也才能够在人民的发展、社会的进步中不断成就为真切的现实。

服务人民，不仅揭示了哲学社会科学繁荣发展的意义与指向，为哲学社会科学重要作用的发挥提供了广阔的空间，也使得哲学社会科学在这种服务的过程中获得实现繁荣发展的新推动。服务人民和在服务人民中前进，是蕴含于哲学社会科学繁荣发展过程的重要辩证法。这是因为，人民群众的综合素质越高，其推动历史进步的社会实践越丰富越深入，哲学社会科学发展的动力、条件和实践基础也便越强大、越成熟、越丰厚。哲学社会科学的整体发展如此，哲学社会科学研究个体或群体的发展也是如此。无论对于学者个体还是对于学者群体来讲，能否将自己的学术兴趣与社会的学术需要结合起来，将学术责任与社会责任结合起来，能否在服务人民的大格局中审视、思考、推进自己的学术研究，不仅反映着学者个体学术胸襟与气度的大小，反映着学者群体社会担当精神与责任意识的强弱，也直接影响着其学术视界的狭阔，决定着其学术的创新创造所可达至的高度。当我们细研每一个卓有建树的学者个体和群体所走过的学术历程，都会从中读出责任和担当，读出人民在其学术生命中的分量，原因也正在这里。

站在新的历史节点上，我们比以往任何时候都更加接近民族复兴的宏伟目标，也面临着比以往任何时候都更加复杂艰巨的新课题、更加多样变化的新机遇和新挑战。实现民族复兴的梦想，为哲学社会科学的繁荣发展提供了前所未有的历史际遇和时代平台，也呼唤着哲学社会科学工作者更高地扬起服务人民的学术志向，为人民幸福著书立说，为民族振兴建言献策，为社会文明传承创新，为国家富强运筹韬略，将学者的智慧深深地印入时代前进的步伐中。

一、为服务人民繁荣学术，前提在于深深植根人民群众的生动实践

哲学社会科学作为探求人和社会发展规律的学问，研究的重要对象是人民群众的社会实践，发展的最终根源在于人民群众的社会实践，评判的根本尺度也在于人民群众的社会实践。任何社会发展规律，都不是人们头脑中的臆造，而是客观地蕴纳于具体的社会发展进程之中。人民群众生动具体的社会实践，正是我们借以感知、把握社会发展规律的基本依据。远离人民群众的社会实践，哲学社会科学就远离了它的研究对象，远离了它借以破解社会发展之谜、揭示社会发展必然之理的根本凭借，也就自然失去了它得以存在的真实根据、得以发展的不竭动力，同样也就失去了服务人民的能力和资质。深深植根人民群众的社会实践，要求哲学社会科学工作者不满足于纯书斋里的学问，不满足于“在书本上讨生活”，勤于向人民请教，向实践学习，善于汲取来自于生动实践的“源头活水”，勇于回应实践发展提出的“真问题”，敢于将理论的“答卷”交由实践反复检验，基于实践创新推动理论创新，发挥理论创新在实践创新中的先导作用。

二、为服务人民繁荣学术，关键是始终站在人民群众的立场

哲学社会科学的大多数领域，都具有鲜明的意识形态性，其研究，不可能“价值无涉”“价值中立”，而总是与特定的立场紧密地联系在一起，贯穿着相应的价值观念，体现着相应的价值诉求。而所处的立场不同，哲学社会科学“求真”的可能性、彻底性也便不同。只有真正站在人民群众的立场上、代表和反映最广大人民群众根本利

益的哲学社会科学，才可能真正实现“求真”的彻底性，“因为任何真理都是符合于人民利益的”①。在当前利益格局深刻调整、利益关系复杂纠缠、利益观念多元杂陈的背景下，站在人民群众的立场上，致力于服务人民的哲学社会科学，更应当自觉地以探寻人类社会的发展规律、中国特色社会主义建设规律，揭示“人间大道”“人间正道”为己任，以向人民群众阐明其根本利益并服务于人民群众，为实现人民的根本利益而不懈奋斗。人民群众的立场是马克思主义最根本的政治立场，马克思主义的立场、观点、方法是一个整体，站在人民群众的立场上开展学术研究，要求我们将马克思主义的立场、观点、方法贯穿于学术探索的全过程。在当代中国，为人民服务与为社会主义服务具有内在的一致性，“离开了社会主义道路，也就从根本上脱离了人民，违背了人民的最高利益”②。站在人民群众的立场上开展学术研究，要求我们不断增强中国特色社会主义的道路自信、理论自信、制度自信、文化自信，以建设者的身份，出思想、提对策，发挥好党和政府思想库与智囊团的作用，为中国特色社会主义建设事业的不断拓展提供精神动力和智力支撑。站在人民群众的立场上开展学术研究，还要求我们密切关注人民群众的思想脉动，自觉为人民群众解疑释惑，为社会和谐发展增进“正能量”，不被有违人民群众意愿和利益的各种利诱所虏、所惑并充当其代言人。

三、为服务人民繁荣学术，需要弘扬理论联系实际的学风

理论联系实际，是我们党一贯强调的学风。毛泽东同志之所以

①《毛泽东选集》第三卷，人民出版社 1991 年版，第 1095 页。

② 中共中央文献研究室编:《十三大以来重要文献选编》中，人民出版社 1991 年版，第 769 页。

将这一学风的确立和发扬称为党领导中国革命必须解决的“第一个重要的问题”①，根本原因就在于，任何先进的理论，都只有在与实际的紧密联系中，才能影响现实，发挥作用；任何先进的理论，都只有在与中国实际的结合中，才能解决中国问题，服务中国发展。弘扬理论联系实际的好学风，需要我们勇立理论的制高点，以当代中国为中心，博采中外、熔铸古今，不做外来理论的简单移植，不以抽象理论硬框具体的现实；需要我们有强烈的现实情怀，关注世界和时代的新变化，关注中国特色社会主义建设事业的新发展，以正在做的事情作为学术探索的关注焦点；需要我们有自觉的问题意识，善于捕捉改革发展提出的基础性战略性前瞻性问题，以重大问题作为学术研究的主攻方向；需要我们下足调查研究的功夫，在现实生活中“选真题”，用可靠的事实立论，依科学的数据明理。理论联系实际，并非单向地从理论出发去研判现实，它也包括在对现实问题的透彻研究中创新理论，从对中国问题的探索中凝汇中国智慧，锤炼中国话语，丰富中国理论，涵育、壮大不同学术领域的中国学派。脱离于实际、落后于实际、错位于实际、掩目于实际的任何学术研究，既无由生机蓬勃，也无法真正服务人民。

四、为服务人民繁荣学术，离不开人民群众喜闻乐见的文风

学术研究要服务人民，就应当努力让尽可能多的人民群众喜闻乐见。70 多年前，毛泽东同志便曾经严肃地批评过“党八股”的文章，对“空话连篇，言之无物”“装腔作势，借以吓人”“无的放矢，不看对象”“语言无味，像个瘪三”“甲乙丙丁，开中药铺”等文风及其弊

①《毛泽东选集》第三卷，人民出版社 1991 年版，第 813 页。

端做出过切中要害的分析。客观而言，毛泽东同志所批评的这些情况，在目前的学术论著、演讲中还有不少存在。学术论著、演讲的言之有物、准确鲜明、生动活泼、简洁畅达，是其为人民群众喜闻乐见、入心入脑的重要条件。否则，再好的研究成果，都会与人民群众之间隔起一道或高或矮的墙，阻碍其走向人民大众。有人误以为，通俗易懂会降低研究成果的学术分量。其实，通俗易懂与学术分量之间并不存在对立关系。能够将有分量的研究成果以通俗易懂的形式呈现出来，恰恰是研究成果表达的最高境界，也是研究成果更好地实现其价值的最好通道。文风不仅仅表现在研究成果的语言表述上，也表现在写作的态度上。毛泽东曾经提醒宣传战线的同志，“当着自己写文章的时候，不要老是想着‘我多么高明’，而要采取和读者处于完全平等地位的态度”①。这一提醒，适用于哲学社会科学的每一位学者。把自己摆在与读者、与人民群众完全平等地位，笔端常带感情，娓娓道来，循循善诱，才能春风化雨，沁人心脾。

五、为服务人民繁荣学术，落脚点是促进人的全面发展

人的全面发展的程度，是一个国家综合国力的重要体现，也是一个国家文明程度的重要标志。社会发展由人推动，同时，社会发展的根本目的也直接指向于人。努力促进人的全面发展，是马克思主义关于建设社会主义新社会的本质要求。哲学社会科学作为中国特色社会主义建设事业有机组成部分这一重要地位，以及哲学社会科学本身的学科特性等，赋予了哲学社会科学在促进人的全面发展进程中无可替代的责任和使命。“思想本身根本不能实现什么东西。思想

---

①《毛泽东文集》第七卷，人民出版社 1999 年版，第 277 页。

要得到实现，就要有使用实践力量的人。”① 努力促进人的全面发展，不断提高人民群众的思想道德素质和科学文化素质，哲学社会科学也才能获得实现其力量的最根本的主体根据，获得其所有功能与价值得以真正实现的唯一途径。努力促进人的全面发展，要求哲学社会科学工作者深刻认识学术研究与人才培养、与人民群众素质提升之间的内在关系，不断增强立德树人的自觉性，充分发挥哲学社会科学的育人功能；要求哲学社会科学工作者更加严格地把好锤炼成果、推出作品的质量关，为人民群众奉献更多高质量、“有营养”、“无污染”的精品力作，丰富人们的精神世界，增强人们的精神力量；要求哲学社会科学工作者更大地打开书斋之门、校园之门、研究机构之门，更好地运用现代信息媒体，与更多的人民大众交流互动，明德益智。人的全面发展是一个逐步推进但又永无止境的历史进程，要在服务人民、促进人的全面发展中永不间断地释放“正能量”，自然还要求哲学社会科学自身始终保有创新的激情、创造的活力，不断指向新高度，实现新超越。而这，也正是哲学社会科学工作者的光荣梦想和神圣使命。

---

①《马克思恩格斯文集》第 1 卷，人民出版社 2009 年版，第 320 页。

捌

文化自信与文化强国

站在新的历史节点上，社会主义文化强国的建设，应当在已有建设举措的基础上，更加关注或者进一步聚焦于文化精神、文化能力、文化心态、文化形象的建设。

一个国家的文化能力，既是其文化发展状况的标示，是其文化发展的依据，也是其文化自信构成的重要基础。一个文化能力贫困的国家，不可能在文化的制高点上欣赏气象万千；一个不注重文化能力涵养、厚植的国家，不可能长久保持文化上的荣光，不可能成为文化旅途上突起的新军。

文化精神、文化能力、文化心态、文化形象的统筹建设，不是抽象的，而应切实贯穿、转化到文化的事业发展与产业振兴、现代文化市场体系的建立健全、现代公共文化服务体系构建与完善等各个方面。概言之，要在文化改革发展的综合推进中，提振我们的文化精神、增进我们的文化能力、优化我们的文化心态、鲜亮我们的文化形象，迈出我们扎实推进社会主义文化强国建设的新步伐。

扎实推进社会主义文化强国建设

文化是一个国家、一个民族生命力、创造力和凝聚力的重要体现，也是一个国家、一个民族生命力、创造力和凝聚力的重要滋养。文化兴则国运兴，文化强则民族强。实现中华民族的伟大复兴，必须有文化的繁荣兴盛强力支撑。十八大以来，习近平同志从推进民族复兴的历史高度出发，将中国特色社会主义文化建设摆在治国理政和社会主义现代化建设极其重要的位置，以一系列新理念新思想新战略，创造性回答了中国特色社会主义文化建设的战略意义、理念原则、目标任务、实践路径等根本性问题，清晰展现了文化强国建设的中国逻辑，形成了新时代坚持和发展中国特色社会主义的基本文化方略。

一、建设社会主义文化强国是实现社会主义现代化的必然要求

建成文化强国是社会主义现代化建设的重要内容、重要条件。

实现社会主义现代化，是当今时代中华民族的宏伟目标，承载着我们民族复兴的梦想，寄托着中华儿女对美好生活的向往，内含着中国共产党人的使命与担当。实现这一宏伟目标，要求我们自觉而坚韧地推进社会主义文化强国的建设。一方面，文化之强是社会主义现代化强国建设的重要内容。物质贫困不是社会主义，精神贫困也不是社会主义；没有文化繁荣兴盛及其现代化，就没有完整意义上的现代化。推进社会主义现代化强国的建设，内在地要求物质文明和精神文明的协调发展、比翼双飞，要求在文化方面也成为社会主义的现代化强国。另一方面，文化之强是社会主义现代化强国建设的重要条件。文化是民族的精神血脉，是民族生存和发展的重要力量。人类社会每一次跃进，人类文明每一次升华，无不伴随着文化的历史性进步。中国特色社会主义现代化建设的推进，离不开社会主义文化的繁荣兴盛提供的思想引领、智慧滋养、精神支撑和高素质人才的保障。一如习近平总书记所反复强调的那样："没有中华文化繁荣兴盛，就没有中华民族伟大复兴。一个民族的复兴需要强大的物质力量，也需要强大的精神力量。没有先进文化的积极引领，没有人民精神世界的极大丰富，没有民族精神力量的不断增强，一个国家、一个民族不可能屹立于世界民族之林。"①

建成文化强国是我们在新时代的起点上继续推进社会主义现代化建设应有的新作为。在中国共产党人和中华民族的接力奋斗中，中国特色社会主义进入了新时代。建设社会主义文化强国，是新时代我们面临的大课题，是我们应担负起的新的文化使命。在这新的时代，我国社会主要矛盾已经转化为人民日益增长的美好生活需要和不平衡不充分的发展之间的矛盾。人民群众对美好生活的追求和

---

① 中共中央文献研究室编:《十八大以来重要文献选编》(中),中央文献出版社 2016 年版,第 121 页。

向往更为强烈，更加丰富、更高质量的精神文化需求，越来越成为人们美好生活追求的重要方面。在这新的时代，人类历史上最为宏大而独特的中国特色社会主义建设实践、我国历史上最为广泛而深刻的社会变革，给文化的繁荣发展提供了无比广阔的空间与舞台，也提出了推进理论创新、知识变革和文化创造的强烈时代诉求。“这是一个需要理论而且一定能够产生理论的时代，这是一个需要思想而且一定能够产生思想的时代。”① 在这个新的时代，世界格局和国际环境复杂多变，文化在综合国力竞争中的作用更加凸显，不同思想文化之间的相互激荡更加猛烈。一个民族和国家，如果没有自己的精神独立性，那政治、思想、文化、制度等方面的独立性就会被釜底抽薪，就不可能在世界风云变幻中站稳脚跟、良性发展。站在新的时代起点上，继续推进中华民族的伟大复兴，要求我们自觉地把文化问题放在我国和世界发展大势中来审视，坚定文化自信，坚守中华文化立场，激发全民族的文化创新创造活力，不断铸就中华文化的新辉煌。

二、培育社会主义核心价值观是建设社会主义文化强国的灵魂工程

建设社会主义文化强国，是一个复杂的系统工程。培育社会主义核心价值观，是其中的灵魂工程。文化的核心是价值观。人们据之以观世界、虑人生、辨善恶、别曲直、识美丑，也以之为向心凝聚、一体认同、创新创造的依据和向导。任何一种文化体系的性质，都由其内含的价值观决定和表征；任何一种文化体系的魅力，都由其内含的价值观蕴化、彰显；任何一种文化体系的发展，也都由其内含的价

① 习近平：《在哲学社会科学工作座谈会上的讲话》，人民出版社2016年版，第8页。

值观规约、引导。价值观在文化体系中的这种独特地位与功用，决定了其在文化体系中的核心意义。对此，习近平总书记精辟指出："核心价值观是文化软实力的灵魂、文化软实力建设的重点。这是决定文化性质和方向的最深层次要素。"① 建设社会主义文化强国，必须积极弘扬和培育社会主义核心价值观，厚植我们的民族和国家最持久、最深层的精神力量，确立起我们的文化体系赖以良性运行的价值中轴。

弘扬和培育社会主义核心价值观，要以培养担当民族复兴大任的时代新人为着眼点。民族复兴的大任，即承前启后，继往开来，在新的历史条件下夺取中国特色社会主义的伟大胜利；即决胜全面建成小康社会，进而全面建设社会主义现代化强国；即团结奋斗，不断创造美好生活，逐步实现全体人民共同富裕；即推动我国更加走近世界舞台中央，不断为人类做出更大贡献。能够担当民族复兴大任的时代新人，需要有处于时代前沿的知识准备、能力训练，需要有不可移易的家国情怀、创造锐气。我们要以培养担当民族复兴大任的时代新人为着眼点，将核心价值观融入贯穿到新人培养的方方面面。

弘扬和培育社会主义核心价值观，需要我们在融入、贯穿、落细、落小、落实上下足功夫，久久为功。要充分发挥社会主义核心价值观对国民教育、精神文明创建、精神文化产品创作生产传播的引领作用，把社会主义核心价值观融入贯穿于社会发展的方方面面，成为其内在的跃动的灵魂。要切实通过教育引导、舆论宣传、实践养成、制度保障等，使之落细落小落实、日常化、具体化、形象化、生活化，贯穿于社会生活的方方面面，像空气一样无处不在、无时不在，内化为

---

①《习近平在中共中央政治局第十三次集体学习时强调 把培育和弘扬社会主义核心价值观 作为凝魂聚气强基固本的基础工程》，《人民日报》2014 年 2 月 26 日。

人们的精神追求，外化为人们的自觉行动。弘扬培育社会主义核心价值观，还需要发挥好文化的力量。要充分运用各类文化形式，生动具体地表现社会主义核心价值观，用高质量高水平的作品形象地告诉人们什么是真善美，什么是假恶丑，什么是值得肯定和赞扬的，什么是必须反对和否定的；要大力推进优秀传统文化的创造性转化创新性发展，积极传承革命文化、发展社会主义先进文化，为社会主义核心价值观涵养发达的文化根系、提供丰厚的文化滋养。

三、牢牢掌握意识形态工作领导权和话语权

意识形态决定文化的前进方向和发展道路，事关党的前途命运，事关国家长治久安，事关民族凝聚力和向心力，是党的一项极端重要的工作。习近平总书记讲到，他一直在思考一个问题，这就是：我们中国共产党人能不能打仗，新中国的成立已经说明了；我们中国共产党人能不能搞建设搞发展，改革开放的推进也已经说明了；但是，我们中国共产党人能不能在日益复杂的国际国内环境下坚持住党的领导、坚持和发展中国特色社会主义，这个还需要我们一代一代共产党人继续做出回答。如果意识形态领域出现问题，就会出现颠覆性的、无可挽回的历史性错误，就无法继续写好中国特色社会主义这篇大文章。坚持党的领导、坚持和发展中国特色社会主义，需要牢牢掌握意识形态工作的领导权和话语权，构筑好中国特色社会主义的精神长城。

牢牢掌握意识形态工作的领导权和话语权，要求我们全面加强意识形态工作的内容建设和阵地建设。在内容方面，需要我们进一步巩固马克思主义在意识形态领域的指导地位，保持和发扬马克思主义政党与时俱进的理论品格，在坚持马克思主义基本原理的基础

上，以更宽广的视野、更长远的眼光来思考和把握国家未来发展面临的一系列重大战略问题，在理论上不断拓展新视野、做出新概括，坚持不懈地推进马克思主义中国化、时代化、大众化，发展21世纪的马克思主义。在阵地建设方面，需要我们加强党对党校、新闻舆论、哲学社会科学、信息化建设、文艺等各方面工作的领导，加强和改进高校思想政治工作，将立德树人作为各级各类学校的根本任务抓实抓好；需要落实意识形态工作责任制，加强对意识形态阵地的管理，明确责任，形成合力，坚持党性原则，坚持守土有责、守土负责、守土尽责，各项工作"无论改什么、怎么改，导向不能改，阵地不能丢"。

牢牢掌握意识形态工作的领导权和话语权，要求我们进一步提高做好新形势下意识形态工作的能力和本领。我们既要坚持着眼于团结和争取大多数，善于注意区分政治原则问题、思想认识问题、学术观点问题，敢于旗帜鲜明反对和抵制各种错误观点；也要根据变化了的环境、条件、对象等，积极探索新方法，拓展新平台，增强新本领，做到春风化雨、入心入脑。"明者因时而变，知者随事而制"①。讲到宣传思想工作时，习近平同志曾明确指出："根据形势发展需要，我看要把网上舆论工作作为宣传思想工作的重中之重来抓。宣传思想工作是做人的工作的，人在哪儿重点就应该在哪儿。……要解决好'本领恐慌'问题，真正成为运用现代传媒新手段新方法的行家里手"②；"要创新改进网上宣传，运用网络传播规律，弘扬主旋律，激发正能量，大力培育和践行社会主义核心价值观，把握好网上舆论引导的时、

① 中共中央文献研究室编：《习近平关于全面深化改革论述摘编》，中央文献出版社2014年版，第84页。

② 中共中央文献研究室编：《习近平关于全面深化改革论述摘编》，中央文献出版社2014年版，第83页。

度、效，使网络空间清朗起来”。[①] 做好新形势下的意识形态工作，需要我们深化对意识形态工作规律的认识，把握当今时代意识形态工作的新课题新要求，全面增强掌握意识形态工作领导权和话语权的能力和水平。

四、提高国家文化软实力，充分展示中华文化的独特魅力

国家文化软实力，即一国的文化在国际舞台上的吸引力和影响力。提高国家文化软实力，不仅关系我国在世界文化格局中的定位，而且关系我国国际地位和国际影响力，关系“两个一百年”奋斗目标和中华民族伟大复兴中国梦的实现。提高我国的国家文化软实力，需要自信从容地推动中华文化走向世界，充分展示中华文化的独特魅力。

充分展示中华文化的独特魅力，需要我们统筹好“古”与“今”，同时关注中华文化的古韵新风。在漫长历史进程中，中华民族创造了辉煌灿烂、独具气韵与风骨的中华文化，滋养着中华民族披荆斩棘一路向前，也为人类文明的五彩斑斓做出了独特贡献。我们在自信展示中华文化历史辉煌的同时，也要自信展开中华文化在当今时代的新画卷，既把中华文化中跨越时空、超越国度、富有永恒魅力、具有当代价值的文化精神弘扬起来，又将继承传统优秀文化又弘扬时代精神、立足本国又面向世界的当代中国文化创新成果传播出去。

充分展示中华文化的独特魅力，需要我们统筹好“内”与“外”，同时关注文化的国际传播与文化的国内建设。文化的国内建设，是提高国家文化软实力的重要根基。这一根基性的工作，既包括深化

---

① 《习近平谈治国理政》，外文出版社 2014 年版，第 198 页。

文化体制改革，推动文化事业全面繁荣、文化产业快速发展，也包括推动社会主义核心价值观在全社会的深入人心，推进全民族的思想道德建设，引导人们树立和坚持正确的历史观、民族观、国家观、文化观，增强做中国人的骨气和底气，引导人们向往和追求讲道德、尊道德、守道德的生活，让 13 亿人的每一分子都成为传播中华美德、中华文化的主体。

充分展示中华文化的独特魅力，需要我们统筹好“魂”与“体”，同时关注价值观念的国际传播和文化对外传播体系、机制的有效构建。我们应积极构建立体多维的文化交流传播路径，创新人文交流方式，完善人文交流机制，综合运用大众传播、群体传播、人际传播等多种方式，有效提高对外文化交流水平。同时还要看到，一个国家的文化软实力，从根本上说，取决于其核心价值观的生命力、凝聚力、感召力。离开价值观念国际传播的所谓文化“走出去”，既抽掉了文化中最深层的、核心性的内容，也不可能具有真正打动人感染人的力量。在国际文化交流与传播中，我们既要勇言价值观，也要善言价值观，要结合当代中国发展进步的生动实践、结合中华民族实现中国梦的奋斗历程，打造融通中外的话语体系，提高国际话语权，向世界真切展现中华民族的价值体认和价值追求，展现中国梦与世界梦的相连相通，展现中华民族为人类和平与发展做出更大贡献的真诚意愿，展现真实、立体、全面的中国。

文化强国建设的重要着力点

建设社会主义文化强国，是当代中国越来越摆置于战略要位的奋斗目标，是中华民族实现全面复兴的题中之义。近年来，我们不仅吹响了建设社会主义文化强国的时代号角，也不断增进着文化强国建设的路径自觉。党的十八大报告在强调社会主义文化强国建设的“道路”——中国特色社会主义文化发展道路、“关键”——增强全民族文化创造活力的同时，重点阐述了加强社会主义核心价值体系建设、全面提高公民道德素质、丰富人民精神文化生活、增强文化整体实力和竞争力四个方面的关键任务。党的十八届三中全会在对全面深化改革的系统推动中，着重对深化文化体制改革，加快完善文化管理体制和文化生产经营机制，建立健全现代公共文化服务体系、现代文化市场体系做出了规划和部署。这些举措，有力地推动了社会主义文化强国建设的现实进程。站在新的历史节点上，社会主义文化强国的建设，应当在已有建设举措的基础上，更加关注或者进一步聚焦于文化精神、文化能力、文化心态、文化形象的建设。

一、文化精神建设

文化精神，是一种文化体系所蕴含的基本的、起主导性作用的思想内容，是文化体系的最深层、最核心层；它彰显着一种文化体系的风骨、气韵、胸怀、眼界，具体展现为文化的理想追求、价值体系等。对于文化发展而言，文化精神具有标识意义，它是一种文化体系发展高度、发展状态的重要标志，人们从文化精神的崇尚、追求、持守中，判断相应文化体系的发展高度、发展状态。先进的文化精神，作为思想文化上高高扬起的旗帜，指引着文化发展的趋向，彰显着文化认同的引力，凝汇着文化自信的底气，感召着人们推动文化繁荣、社会进步的现实奋斗。没有先进文化精神的确立及其弘扬，文化强国建设的方方面面就无由循着激越的旋律组织起来，迈出向前向上的步伐。在社会主义文化强国建设的进程中，我们应基于对中华文化优秀传统的深度开掘，基于对马克思主义和社会主义真精神的深刻把握，基于对时代要求的理解与回应，更加自觉地培育社会主义核心价值观，弘扬包括人民本位、刚健自强、创新创造、开放包容等在内的文化精神，使之成为文化发展中无处不在的“普照的光”“特殊的以太”①。这样的文化精神，应当深深融入文化的事业产业之中、融入文化的内在建设与对外传播之中，以此推进建设有立场的文化事业、有灵魂的文化产业，以及有着丰厚内涵与民族韵味的文化“走出去”。这样的文化精神，应当成为一切文化生产的精神底蕴，一如习近平总书记所要求的那样：“广大文艺工作者要善于从中华文化宝库中萃取精华、汲取能量，保持对自身文化理想、文化价值的高度信心，保持对自身

---

①《马克思恩格斯选集》第 2 卷，人民出版社 2012 年版，第 707 页。

文化生命力、创造力的高度信心，使自己的作品成为激励中国人民和中华民族不断前行的精神力量”，“用栩栩如生的作品形象告诉人们什么是应该肯定和赞扬的，什么是必须反对和否定的，做到春风化雨、润物无声”。①

二、文化能力建设

文化能力，是一个国家在推进文化繁荣发展方面所具有的素质。一个国家的文化能力，既是其文化发展状况的标示，是其文化发展的依据，也是其文化自信构成的重要基础。一个文化能力贫困的国家，不可能在文化的制高点上欣赏气象万千；一个不注重文化能力涵养、厚植的国家，不可能长久保持文化上的荣光，不可能成为文化旅途上突起的新军。世界文化格局、文化版图的一切变化、调整，背后的根本因素即不同民族和国家文化能力的消长变化。文化能力是一个综合性、系统性的概括，其构成具有多层次性、多方面性。我们既可以从宏观、中观、微观不同层次论之，也可以从文化生产能力、传播能力、教育能力、供给能力、服务能力等不同角度逐一探讨。对于执政党而言，还有一个文化执政的能力。但不论就哪个层次、角度而言，文化能力中最为核心与关键的能力，即文化创新创造的能力。这是各种层次、各个角度的文化能力中具有根本性、具有决定性意义的文化能力。文化的本质在于创新创造。文化创新创造的能力始终指向未来，其强弱决定着相应文化体系的生命活力与更化兴替。没有这种能力的存在与不断增强，任何一种文化体系都会失去其内生性发展的基础。文化能力体系的这种内在结构，要求我们在文化强国的

① 中共中央文献研究室编:《十八大以来重要文献选编》中，中央文献出版社 2016 年版，第 134 页。

建设中，确立并推进以创新创造为核心的文化能力建设战略。推进文化能力建设，需要涵养好文化创新创造的主体基础，深化国民教育综合改革，完善文化公共服务体系，着力提升全民族的文化素质，在全民族文化素质的普遍性提升中夯实文化强国建设的主体依据、抬高文化强国建设的民众素质起点；要以激发全民族文化创新创造为中心环节深化体制机制改革，不断解放和发展文化生产力，为文化创新创造活力的充分涌流，营造良好制度环境、机制条件与社会氛围。

三、文化心态建设

文化心态，即一个国家具有普遍性的社会文化心理。这种文化心理，既是社会发展现实包括文化发展现实在社会心理层面的呈现，又对社会发展包括文化发展产生着重要影响。一个真正意义上的文化强国，一定铺垫着支撑其文化高势位的积极向上的文化心态。纵览古今中外，盖凡文化上的强盛之世，莫不与进取、开放、热情、从容、自信等联系在一起。与此形成鲜明映照的是，以自闭、自恋、自卑、自污，或者傲慢、浮躁、低俗等为特征的文化心态，要么折射着这个国家或民族文化上的困境，要么会如一条无形然却滞重的绳索，缠缚住其文化的翅膀，使之逐渐坠下。中华民族曾有国运与文化上意气风发的时代，但是，也曾遭遇过困顿与低迷，特别是近世以来，在外域的强力侵扰与文化冲击下，一度惧人疑我、崇洋非己，或拒外孤闭。在当下的中国，伴随着民族的崛起与复兴，社会的文化心态正逐渐走出近代历史投下的阴霾，但是，历史上曾有的光荣与挫折、国力攀升进程中的艰辛与复杂等交织在一起，使得当下中国的社会文化心态中，进取与浮躁、自信与自满、开放与崇外，如此等等，纠缠胶着。这种心态情势，反衬着当下良好文化心态的涵育在我们文化强国建设中所具有的重要性和紧迫性。推进社会主义文化强国建设，需要我们注重在全社会引导宣扬理性的文化观，既充分认识文化之于社会发展、国家昌盛、民族进步的深远意义，增进推进文化发展的自觉性和紧迫性，又能够理解文化发展的规律，给各种形式的文化上的浮躁、急躁、烦躁降温，以久久为功的韧性与耐力精耕细作好文化的每一块土壤、每一方园地；需要我们的整个社会在文化上更多些自尊自信、悦人悦己、理性平和、积极向上，更加从容地对待我们的历史文化，更加自觉地礼敬我们的民族英雄，更加大胆地吸纳外域的优长，更加主动地担当今人的文化责任。

四、文化形象建设

文化形象，是人们对于一国文化所形成的认知，亦可说是人们从文化角度所形成的对于一国的印象。一国是否成其为文化强国，既是一个客观事实，也是一种主观认知；既有赖于扎实的文化建设，也离不开有效的文化传播、形象塑造。一个国家文化发展的高度等在世界范围内受到广泛认同，是其文化强国的地位真正确立的重要体现。不能简单认为文化形象是一种主观性的东西，实际上，这种主观性的东西也是一种具有重要反作用的力量，影响着我们文化建设的实际进程。历史上，中华文化曾经在世人心中形成神奇绚丽的形象，成为牵动着许多国度的人们梦想的地方。但近世以来，中华文化的域外形象也曾逆转而下。时至今日，如何展现良好的国际文化形象，如何有效开展文化传播、有效掌控自我文化形象的塑造权，仍然是我们面临的重大现实课题。在国际上塑造良好的国家文化形象，需要我们更好地推进国内的文化改革发展，这是我们的国际文化形象赖以形成和展示的重要基础；需要我们准确把握文化传播的规律，化解文化冲突，减少文化折扣，提升传播实效；需要我们在全社会普遍增进这样的自觉，即每个中国公民都是国家文化形象的代言人，都担负着传播和维护良好国家文化形象的职责。塑造良好的国家文化形象，还需要我们提升面向世界讲好中国故事的能力和艺术。讲好中国故事，既要求我们在目前人们越来越关注的话语体系创新、接受对象研究等方面下功夫，也要求我们自己有更深入的自我认知、中国理解。一知半解、似是而非，讲不好任何故事；以己昏昏，不可能使人昭昭。透彻的自我认知，是自如展示自我的前提；深入的中国理解，是精彩讲述中国故事的基础。这就要求我们在向外展示中国文化魅力、塑造中国文化形象的过程中，切实下足向内的功夫，深入到中国史诗般实践的内里，深入到中华文化瑰丽篇章的内里，练好中国人讲好中国故事的内功。

文化精神、文化能力、文化心态、文化形象紧密关联，相互影响，整体共生。推进社会主义文化强国建设，需要以文化精神的建设为引领，以文化能力的建设为支点，在此基础上，涵育积极的社会文化心态，塑造良好的国家文化形象。文化精神、文化能力、文化心态、文化形象的统筹建设，不是抽象的，而应切实贯穿、转化到文化的事业发展与产业振兴、现代文化市场体系的建立健全、现代公共文化服务体系构建与完善等各个方面。概言之，要在文化改革发展的综合推进中，提振我们的文化精神、增进我们的文化能力、优化我们的文化心态、鲜亮我们的文化形象，迈出我们扎实推进社会主义文化强国建设的新步伐。

走向文化强国

现在，“文化强国”这个概念已是我们国家推进文化建设中的一个目标性概念。最早提出这个概念是在2011年召开的党的十七届三中全会上。这次全会在我们党的历史上有着特殊的意义，即在我们党的历史上第一次以一次全会的形式来专门讨论文化建设，并第一次提出了“文化强国”的奋斗目标。到2012年，党的十八大报告再次明确了这样的一个奋斗目标。在十八大报告中，对未来把我们国家建设成什么样子，有着多种多样的概括和表述，如创新型国家、人力资源强国、海洋强国、文化强国、美丽中国，等等。但是，在这些词中只有一个词进入了十八大报告专门部分的标题，这个词就是“文化强国”。十八大报告文化建设部分的标题即“扎实推进社会主义文化强国建设”。

一、社会主义文化强国建设奋斗目标的提出

为什么在这样的一个重要历史节点上，我们要明确提出建设社会主义文化强国的奋斗目标呢？原因很多，此述其三。

第一，建设文化强国、实现文化上的强盛、重享中华民族文化上的光荣与梦想，是近代以来中华民族的百年夙愿。

众所周知，近代以来中华民族陷入了困境，陷入了在很多人看来几于不可复振的困境。在这个困境中，很多人曾从文化的角度来思考为什么我们的民族会积弱积贫，同时也有很多人从文化的角度思考我们这个民族的前途和命运。在这种思考的过程中，我们这个民族对文化的重要意义、对文化之于民族和国家前途的重要作用，体认越来越深刻。

1917年到1919年之间，孙中山先生写了一系列的著作，其中包括《孙文学说》《民权初步》等等。后来，孙中山先生将这些著作汇为一册，作为一部整体著作出版，名其曰《建国方略》。人们认为，孙中山先生的《建国方略》是近代以来我国资产阶级推动中国现代化进程的第一个系统的方案。孙中山先生把这个时期内的不同著作放在一起出版的时候，分别给予了命名，并排了次序。其中，他把《孙文学说》这部著作重新命名为《心理建设》，并将其摆在《建国方略》之首。《建国方略》探讨了“心理建设”“社会建设”“国家建设”等，而将《心理建设》放在《建国方略》首位，表明在孙中山先生的心目中，“心理建设”在其整个“建国方略”中具有极其重要的意义。“心理建设”到底是什么呢？用我们现在的眼光来看，孙中山先生所探讨、所关注的“心理建设”也就是文化建设。

我们党自从登上历史舞台开始，也把实现我们民族文化上的重

振作为重要的奋斗目标。1940 年 1 月，毛泽东同志在陕甘宁边区文化协会第一次代表大会上发表了演讲，这个演讲就是收录在《毛泽东选集》中的《新民主主义论》。在该著作中，毛泽东同志探讨了新民主主义的经济、新民主主义的政治，但其落脚点和核心主题却是新民主主义的文化。他向人们展示了共产党人心目中未来新中国的样子，他讲道：

“我们不但要把一个政治上受压迫、经济上受剥削的中国，变为一个政治上自由和经济上繁荣的中国，而且要把一个被旧文化统治因而愚昧落后的中国，变为一个被新文化统治因而文明先进的中国。一句话，我们要建立一个新中国。”①

在这个演讲中，毛泽东同志对新民主主义文化的性质做出概括，即民族的科学的大众的文化。直到现在我们仍在讲，我们要坚持社会主义先进文化的前进方向，要推动社会主义文化大发展、大繁荣，要建设面向现代化、面向世界、面向未来的，民族的、科学的、大众的文化。其中“民族的、科学的、大众的”概括就出自 1940 年毛泽东同志的这一演讲，而“面向现代化、面向世界、面向未来”则出自 20 世纪 80 年代邓小平为北京景山学校的题词。由此不难看出毛泽东同志的这一演讲在我们共产党人领导人民奋斗的历史上、在我们所要推进的文化进程中的重要意义。

1949 年 9 月 16 日，迎着中华人民共和国成立的曙光，毛泽东同志为了回应国内外很多人士对中国前途和命运的猜测和评判，以及一些国外学者对近代以来中国历史文化发展进程的评判，写了一篇著名的文章《唯心历史观的破产》。在这样的重要历史节点上发表的这篇重要文章中，毛泽东同志同样展现了共产党人心目中的新中国

---

①《毛泽东选集》第二卷，人民出版社 1993 年版，第 663 页。

在文化上所要达到的高度。他这样讲：

“我们相信革命能改变一切，一个人口众多、物产丰盛、生活优裕、文化昌盛的新中国，不要很久就可以到来，一切悲观论调是完全没有根据的。”①

他还讲：

“自从中国人学会了马克思列宁主义以后，中国人在精神上就由被动转入主动。”“伟大的胜利的中国人民解放战争和人民大革命，已经复兴了并正在复兴着伟大的中国人民的文化。”②

这些论述充满了底气、充满了自信，同时也体现了我们党思想中蕴含已久的高度的文化自觉。

中华人民共和国成立后，我们对如何在社会主义条件下推进文化发展与繁荣进行了不断探索，认识越来越清晰、越来越深刻。围绕着国家建设，我们逐步提出并形成了“四个现代化”的奋斗目标。1982 年，党的第十二次全国代表大会对于我们国家的奋斗目标，在“四个现代化”的基础上，又提出了“两个高度”的概括，即“把我国建设成为高度文明、高度民主的社会主义国家”③。其中，“高度文明”即主要指我们在文化方面所要实现的目标。从党的十三大开始，我们在国家奋斗目标中明确提出了“富强、民主、文明”。到 2006 年，我们又在奋斗目标上加上了“和谐”。在这一进程中，我们的建设总布局从“二位一体”扩展到“三位一体”“四位一体”，以及现在的“五位一体”。但不论是几位一体，文化都是建设总布局中的一个重要方面，在整个国家建设方略中始终摆在重要位置。概言之，建设文化强

---

①《毛泽东选集》第四卷，人民出版社 1991 年版，第 1512 页。

②《毛泽东选集》第四卷，人民出版社 1991 年版，第 1516 页。

③《中华人民共和国第八届全国人民代表大会第一次会议文件汇编》，人民出版社 1993 年版，第 104 页。

国、重享文化上的光荣与梦想，是我们民族的百年夙愿。

第二，提出文化强国这一奋斗目标是基于现实的考虑，它也是我们现在不得不面对的一个重大时代课题。

20 世纪 90 年代后，由于“冷战”的结束，由于经济全球化一泻千里式的推进，由于互联网的迅猛发展，世界政治、经济、文化格局发生了一系列新变化。从文化的角度讲，这三个“由于”使得国际关系中的文化因素在凸显、各个国家发展进程中的文化问题在凸显、当今世界综合国力竞争中的文化力量在凸显。在这三个“由于”、三个“凸显”的背景下，世界各国都特别关注文化的发展，纷纷推出自己关于文化建设的战略举措，努力抢占文化发展的制高点。可以说，一场文化热战已经在当今世界拉开了帷幕，并愈演愈烈。也可讲，当今世界已经进入一个“文化战国”的时代。在这种时代背景下，如若不关注文化的发展、不提升文化在世界文化发展格局中的地位，我们就会陷入新的被动。就此而言，推进文化强国建设是我们不得不面对的一个重大时代课题，一个绕不过的时代课题。

第三，提出文化强国的奋斗目标是我们文化自觉的重要体现。

作为一个用马克思主义理论武装起来的大党，中国共产党对文化问题、文化的意义、文化的力量有非常理性和深刻的认识。如将我国改革开放以来历次党的代表大会关于文化的论述放在一起做纵向比较性研究，可以发现，我们党对文化的意义、价值、战略地位等方面认识日趋深化和丰富。文化在整个社会的发展中、在整个民族复兴的进程中、在人的全面发展中都有着至关重要的意义。如，从文化和社会关系的角度来看，我们将文化看成是社会有机体的重要组成部分。文化肌体这部分的健康和强壮程度，直接关系到整个社会肌体的健康和强壮程度。同时，我们也将文化看成是人全面发展的重要条件。没有文化的不断前进，就没有人的素质的不断前行。又如，从文化和民族前途命运关系的角度来看，我们讲文化是民族凝聚力、创造力、生命力的重要体现。先进的文化在哺育一个民族凝聚力、创造力、生命力方面发挥着独特的、无可替代的作用。再如，从文化和政党关系的角度来看，我们反复强调一个观点：文化是一个政党思想上、精神上的旗帜。没有这种先进的、高高扬起的旗帜，一个政党、一个大党无由指挥千军万马，无由围绕宏大的目标让人们慷慨趋赴。另如，从文化和政治、经济之间的关系角度来看，在当今时代，文化和政治、经济之间深层交融、不可分离，你中有我、我中有你、难分难解。此外，从文化和国家关系的角度来看，我们的明确理论概括是：文化是综合国力的重要标志。这一系列的认识和概括反映了我们党在文化建设方面的理性思考，表达了马克思主义文化理论在当代中国发展的新成果，而这恰恰又是我们文化自觉的一种重要体现。现在我们提出文化强国建设，应该说是基于这样的文化自觉而做出的重大战略决策。

以上三个角度只是简要回答了为什么在这个重要历史节点上必须扎实推进社会主义文化强国建设。那么如何扎实推进文化强国建设，真正实现文化上的强盛呢？对此人们有多种多样的概括和理解，在这里，我从三个角度做些许分析：其一，文化强国首在强魂；其二，文化强国重在创新；其三，文化强国本在育人。不论是强魂、创新，还是育人，都和大学有着难分难解的关系，从一定意义来说，这三个方面的重要任务都要靠大学作为先锋予以努力推进。

二、文化强国，首在强魂

对于任何一个民族和国家的文化而言，其繁荣发展，或者说它的强盛，都离不开两个硬支撑。第一个硬支撑，是物质实力或者说硬实力的支撑。从文化的外部讲，物质实力的强大，是文化繁荣发展的硬支撑。没有这个支撑，文化的发展、文化软实力的提升就会成为空中楼阁，无所依附。正如恩格斯所指出的那样："不论在法国或是在德国，哲学和那个时代的普遍的学术繁荣一样，也是经济高涨的结果。经济发展对这些领域也具有最终的至上权力。"① 谈到约瑟夫·S. 奈关于文化吸引力和软实力的观点时，亨廷顿曾进一步指出："是什么使文化和意识形态具有吸引力呢？如果它们被看作是根植于物质上的胜利与影响时，它们就是有吸引力的。软权力只有建立在硬权力的基础上才成其为权力。硬的经济和军事权力的增长会提高自信心、自负感，以及更加相信与其他民族相比，自己的文化或软权力更优越，并大大增强该文化和意识形态对其他民族的吸引力。经济和军事力量的下降会导致自我怀疑、认同危机，并导致努力在其他文化中寻求经济、军事和政治成功的要诀。"② 美国哈佛大学教授尼阿尔·弗格森（Niall Ferguson）更是曾经非常形象地比喻："软实力仅仅是一副包藏铁手的丝绒手套而已。"③

第二个硬支撑，是价值体系的支撑。从文化的内部讲，价值体系的强大，是文化繁荣发展的硬支撑。当然，这两个硬支撑，其支撑意义是各不相同的。第一个硬支撑，发挥的是基石的作用；第二个硬支撑，发挥的是主轴的作用。或言之，建设文化强国，以物质实力为基，以价值体系为轴。本篇的探讨，主要围绕第二个硬支撑即价值体系的建设对于文化强国的意义展开。

那么，价值体系对于文化强国的建设到底具有怎样的意义呢？

---

①《马克思恩格斯选集》第 4 卷，人民出版社 2012 年版，第 612 页。

②［美］亨廷顿著，周琪等译：《文明的冲突与世界秩序的重建》，新华出版社 1998 年版，第 88 ～ 89 页。

③ 朱世达：《当代美国文化》，社会科学文献出版社 2011 年版，第 78 页。

我们可以用“三心”来概括价值体系在文化发展中的意义。第一，它是“文化核心”。在任何一种文化体系中，价值观都扮演着文化核心的角色，决定着文化的根本性质、基本气质与深层意义世界，决定着文化的前进方向。人们也据此来判断一种文化在人类文化发展的总体格局中的优劣高下，及其所处的方位。第二，它是“文化磁心”。一种文化能不能具有强大的吸引力和感召力，不是仅仅靠文化的各种形式，而是靠各种文化形式所蕴含、所体现的价值体系的力量。第三，它是“文化轴心”。文化发展的方方面面都因为有了这个轴心的确立，而得以有序地展开。价值体系是文化之魂，是兴国之魂，也是建设文化强国不可缺少的轴心。

正因为如此，任何一个追求文化强国的国家，无不高度重视价值体系的建设；当今时代的文化强国，无不将其文化之强归根于其价值体系之强。

近些年来，人们逐渐熟悉了一个词——“软实力”，熟悉了这个概念的最初提出者约瑟夫·S. 奈。如果我们仔细考察，便会发现约瑟夫·S. 奈软实力理论的提出，实质是其对美国文化强国地位的宣称，并在这种宣称中，着力于对美国价值体系“强势地位”的美誉和维护。

约瑟夫·S. 奈的软实力理论是在“美国衰败论”兴盛一时的背景下提出的。二战后，美国成为世界的头号强国。但是，随着时间的推移，世界经济、政治格局悄悄发生着变化。在美国人眼里，他们的国家正在面临着多方面的挑战。约瑟夫·S. 奈称：“就基本资源和工业发展而言，潜在的挑战对手将有 4 个，两个共产主义的和两个资本主义的：苏联、中国、欧共体和日本。”①

关于来自“盟友”的挑战。仅以日本战后的迅速崛起为例。法

① [美] 约瑟夫·S. 奈著，何小东、盖玉云等译：《美国定能领导世界吗》，军事译文出版社 1992 年版，第 96 页。

国学者艾里克·洛朗在其1983年出版的著作《从信息革命到情报战争》中这样写道：原美国驻东京大使埃德文·赖斯豪尔作为见证人说："1945年8月末，日本完全破产了。死了两百万人，城市百分之四十的建设被夷为平地，工厂被毁，农业由于长期缺少肥料和设备，颗粒不收。在战争中耗尽了力量和资源的人民垮了，……人民从精神和物质上都囊空如洗了。饥饿、完蛋、悄然的民族。"

作者接着又写道："1945年，每人平均收入是二十美元；1956年是三百美元，相当于一个第三世界国家的水平；1967年到了一千美元，开始'腾飞'；1970年是一千八百美元，也就是说，在三年的时间里，几乎增加了一倍。1973年，尽管发生了第一次石油冲击，采取了调整措施，每人平均收入还是到了三千六百美元；1980年发生第二次石油冲击，收入是一万美元，相当于美国的水平；1982年是一万三千美元……""如今还不能断言这个国家是个模式。但决不能否认它是个榜样。"①

对于日本发展的这种奇迹发出惊叹的还有曾任美国总统的尼克松。20世纪80年代末，尼克松撰写出版了他的名著《1999：不战而胜》。这本书是作者在1988年1月9日自己75岁生日这一天完成的。在这部书中，作者将日本称为"难以驾驭的巨人"，二次世界大战以来，地球上仅出现的"一个新的经济超级大国"，"有史以来唯一跻身于现代工业强国行列的亚洲国家"。"直到1929年，日本的国民生产总值只占世界的4%。而美国占34%。英国、德国和苏联各占10%。法国只占5%。今天，日本的国民生产总值已占世界的10%，仅次于美国，居世界第二位。1945年，日本战败。工厂被美国的原子弹夷为平地。到1987年，它已成了除加拿大之外的美国最大的贸易伙伴，国民生

① [法] 艾里克·洛朗著，闫素伟译：《从信息革命到情报战争》，群众出版社1988年版，第188页。

产总值已超过苏联。”① 作者惊叹：“对战后 40 多年来在日本所取得的经济和政治上的成就，世人只能表示惊讶。”

关于“共产主义国家的挑战”。同样是在《1999：不战而胜》这部著作中，尼克松将苏联称为“超级大国”，将中国称为“醒来的巨人”，分别进行了分析和论述。尼克松将二战后社会主义的一路凯歌行进视为苏联发动的对“自由世界”的战争，认为美、苏“两个超级大国之间的斗争进入了一个充满凶险与挑战的新阶段”②。在这部书中，作者将中国称为“醒来的巨人”。尼克松写道：“中国仍然是我们这个时代的奇迹之一，它忍受了 20 世纪最严重的灾难，注定要成为 21 世纪的世界领导力量之一。160 年以前，拿破仑曾经这样评说中国：‘这里躺着一个沉睡的巨人。让他沉睡吧！因为他一旦醒来，就会惊动整个世界。’现在，巨人醒来了。他的时代已经到来，他的确要惊动世界了。”“经过半个世纪的内战和与别国的战争，中国得到了统一。在 50 年的时间里，中国的人口已经从 4 亿增加到 10 亿以上。在本世纪最杰出的政治家之一邓小平的领导下，中国从教条中摆脱了出来。由于消除了由官员支配一切的计划体系的沉重压力，邓小平使占全世界人口 1/5 的中国人民的巨大潜力得以发挥。如果中国像现在这样继续沿着邓指引的道路走下去，那么，我们的孙辈所生活的世界就将不是只有两个超级大国，而是有三个超级大国：美国、苏联和中华人民共和国。”③

---

①［美］理查得·尼克松著，杨鲁军等译：《1999：不战而胜》，三联书店上海分店 1989 年版，第 215 ～ 216 页。

②［美］理查得·尼克松著，杨鲁军等译：《1999：不战而胜》，三联书店上海分店 1989 年版，第 16 页。

③［美］理查得·尼克松著，杨鲁军等译：《1999：不战而胜》，三联书店上海分店 1989 年版，第 236 页。

与此相适应，在 20 世纪 80 年代的美国，“美国衰落论”思潮兴盛一时。

“美国衰落论”的代表性人物之一即美国耶鲁大学教授保罗 · 肯尼迪。他于 1988 年出版《大国的兴衰：1500—2000 年的经济变迁与军事冲突》。在全书的最后一章（即第八章），作者分析了“平衡发展的中国”“进退维谷的日本”“得失并存的西欧”“矛盾重重的苏联”，但最后，作者则以“相对衰落的美国”为题，作为全书的收笔。他写道：“一些政治科学家把今日美国的地位同往昔‘衰落的霸权’相提并论是有道理的。”① 美国社会中“要求‘重振’和‘重组’的呼声在左派中至少同右派中一样强烈。这种运动通常都会在社会各处导致改革；但是有讽刺意味的是，这种运动本身就是衰落的证明；而这种改革的鼓动在几十年前美国的领导地位无可置疑的时候是完全没有必要的。非常有影响的作家 G. K. 切斯特顿具有讽刺意味地评论说：“一个强壮的人是不担心自己身体的，只是到了衰弱不堪时，他才开始谈论自己的健康。同样的，一个世界大国在其强大而又不受任何挑战之时，比其相对衰落之时更不可能对自己履行义务的能力展开辩论。”② 保罗 · 肯尼迪的结论和建议是：“在未来几十年里，美国领导者所面临的任务是清醒地认识到正在发展的广泛趋势，意识到必须很好地‘处理’好任何事态，以便使美国的相对衰落进行得缓慢、平稳，不致仅仅为了近利却招致远损的政策的冲击而加速。”③

---

①［美］保罗 · 肯尼迪著，陈景彪等译：《大国的兴衰：1500—2000 年的经济变迁与军事冲突》，国际文化出版公司 2006 年版，第 516 ～ 517 页。

②［美］保罗 · 肯尼迪著，陈景彪等译：《大国的兴衰：1500—2000 年的经济变迁与军事冲突》，国际文化出版公司 2006 年版，第 517 页。

③［美］保罗 · 肯尼迪著，陈景彪等译：《大国的兴衰：1500—2000 年的经济变迁与军事冲突》，国际文化出版公司 2006 年版，第 521 页。

对于美国衰败论在20世纪80年代美国的泛滥，约瑟夫·S.奈在自己的著作中也有描述。根据约瑟夫·S.奈的描述，在20世纪80年代末的美国，“人们普遍哀叹美国的衰落，畅销书排行榜上满满都是描写美国雄风不再的书籍。当时的人们认为，日本不久将取代美国成为‘世界第一’”①；“到1989年，有一半美国人相信自己的国家正在衰落。虽然美国经济在世界上仍然遥遥领先，但只有1/5的美国人相信美国是头号经济强国，在80年代里根总统重整军备后，也只有1/5的人相信美国的整体军事力量领先于苏联。约有1/3的人认为国家的核武器不如苏联强大，有1/2的人相信美国的常规力量落后于苏联。于是在80年代，描写国家衰落，特别是美国衰落的书籍和文章纷纷出笼。”②

正是针对美国衰落论，约瑟夫·S.奈推出了他“旨在反驳当时流行一时的美国衰败论”③的著作《美国定能领导世界吗》一书。在这本书中，约瑟夫·S.奈提出了观察国家实力的新的视角。他认为：“一个国家文化的全球普及性和它为主宰国际行为规范而建立有利于自己的准则与制度的能力，都是它重要的力量来源。在当今国际政治中，那些软力量来源正变得越来越重要”④，“如果一个国家的文化具有吸

---

①［美］约瑟夫·S.奈著，约瑟夫·S.奈、门洪华编，门洪华译：《硬权力与软权力》，北京大学出版社2005年版，第181页。

②［美］约瑟夫·S.奈著，何小东、盖玉云等译：《美国定能领导世界吗》，军事译文出版社1992年版，第1～2页。

③［美］约瑟夫·S.奈著，吴晓辉、钱程译：《软力量——世界政坛成功之道》，东方出版社2005年版，中文版序言。

④［美］约瑟夫·S.奈著，何小东、盖玉云等译：《美国定能领导世界吗》，军事译文出版社1992年版，第26页。

引力，其他国家就会自愿地接受认同其价值观和选择”①。

基于这种综合国力分析的新视角，约瑟夫·S. 奈分析了在很多人看来对美国形成挑战的诸种力量，并在此基础上乐观地“预言美国的实力将持续上升”②，自信地指出“美国不仅是军事和经济上首屈一指的强国，而且在第三个层面，即在‘软力量’上也无人与之匹敌”③。约瑟夫·S. 奈在此所讲的“软力量”，实质即文化的力量。一个在文化国力方面“无人与之匹敌”的国家，显然就是我们现在所说的文化强国。作者认为，相比较其他国家的文化所具有的孤立性与局限性而言，“美国的文化却广为世界所接受，在世界事务中它始终发挥着重要的作用”④，“享有得天独厚的优势”⑤。“在军事实力、经济实力和我称之为‘软权力’的第三权力资源方面，美国仍将独占鳌头”⑥。

综观约瑟夫·S. 奈的软实力理论，多年来尽管有所演变，但都无一例外地将美国定位于当今世界头号的文化强国。而在约瑟夫·S. 奈的眼里，是美国的价值观支撑起了美国的文化强国。这种观点，在

---

①［美］约瑟夫·S. 奈著，何小东、盖玉云等译:《美国定能领导世界吗》，军事译文出版社 1992 年版，第 92 页。

②［美］约瑟夫·S. 奈著，约瑟夫·S. 奈、门洪华编，门洪华译:《硬权力与软权力》，北京大学出版社 2005 年版，第 181 页。

③［美］约瑟夫·S. 奈著，吴晓辉、钱程译:《软力量——世界政坛成功之道》，东方出版社 2005 年版，中文版序言。

④［美］约瑟夫·S. 奈著，何小东、盖玉云等译:《美国定能领导世界吗》，军事译文出版社 1992 年版，第 26 页。

⑤［美］约瑟夫·S. 奈著，何小东、盖玉云等译:《美国定能领导世界吗》，军事译文出版社 1992 年版，第 27 ～ 28 页。

⑥［美］约瑟夫·S. 奈著，约瑟夫·S. 奈、门洪华编，门洪华译:《硬权力与软权力》，北京大学出版社 2005 年版，第 6 页。

约瑟夫·S.奈关于软实力的著作里一以贯之。概括而言，其观点主要包括：第一，文化的最深层内涵是价值观。文化即“为社会创造意义的一系列价值观和实践的总和”①。第二，文化的吸引力即软实力生发于其价值观的吸引力。约瑟夫·S.奈也曾直截了当地将软实力概括为“源于文化和价值观念……的吸引力”②。任何一种软实力资源，之所以能够生发出吸引人甚或“同化性”的魅力，成其为软实力资源，在于它所蕴含的价值观，在于它所蕴含的价值观所具有的能够激发起人们激情、渴望和梦想的力量。第三，美国软实力的强大来自其价值观的特性。在他看来，美国价值是普世价值，“美国受益于其普世性的文化”，“美国的价值观是在高度全球化的背景下运行的”，“全球信息时代的社会潮流有助于塑造一个与美国价值观越来越亲善的世界”，从而使得美国的软实力能够“统治着一个日不落的帝国”。③

与此相应，他明确提出价值观是无形的国家利益，反复强调美国要努力增加并有效利用源于其根本价值观的力量而非卖空其价值观④。2004年，在其阐发软实力理论的集大成之作《软力量——世界政坛成功之道》中，面对美国单边主义的盛行，约瑟夫·S.奈同样大谈价值观对于美国软实力、进而对于美国实力的意义。

概言之，以价值观为内核的软实力资源——由价值观产生的吸引力及为实现这些价值观做贡献的正义感和责任心——价值观的同

---

① [美]约瑟夫·S.奈著，吴晓辉、钱程译：《软力量——世界政坛成功之道》，东方出版社2005年版，第11页。

② [美]约瑟夫·S.奈著，约瑟夫·S.奈、门洪华编，门洪华译：《硬权力与软权力》，北京大学出版社2005年版，第6页。

③ [美]约瑟夫·S.奈著，吴晓辉、钱程译：《软力量——世界政坛成功之道》，东方出版社2005年版，第11页。

④ 参见[美]约瑟夫·S.奈著，郑志国等译：《美国霸权的困惑：为什么美国不能独断专行》，世界知识出版社2002年版，第149页。

化即软实力作用的实现，这正是约瑟夫 ·S. 奈软实力理论的主脉，也是其软实力理论内在的基本分析框架。基于这一基本分析框架，以确保美国在新的世界格局中仍然能够“注定领导”为出发点而构建“软实力”理论的约瑟夫 ·S. 奈，在提出观察国家实力新视角即“软实力”视角以及不断丰富其软实力理论的整个过程中，都始终关注着价值观在美国软实力中的意义。对于美国软实力的发展变化，约瑟夫 ·S. 奈的评价时抑时扬。但抑扬之中，始终不变的是其对美国价值观的肯认；且其是扬还是抑，均以其心目中的美国价值观是得以持守还是疏离为基本尺度。

可以说，以价值体系之强求文化之强、求综合国力之强，是当今时代的世界图景，是当今世界综合国力竞争中的一条硬规则，也是我们扎实推进社会主义文化强国建设必须遵循的硬道理。

正是在这种世界图景中，我们中华民族努力实现着自己的复兴伟业和强国梦想。如果放眼历史的长河，我们可以看到，中华民族是带着沉痛的教训和记忆开启近代历史、迈入世界体系的，也是带着沉痛的教训和记忆开始探寻复兴与强盛之路的。这种沉痛的教训和记忆中，就包含着价值体系的崩溃、文化优势的衰落而带来的惨痛教训。100 多年前，梁启超曾作《中国积弱溯源论》（1900 年），探讨中国之所以积弱而沦为“受人轻侮之国”、沦为世界上第三流国家[①]的原因。

---

① 梁启超《论中国国民之品格》有“国有三等”之论：“一曰受人尊敬之国，其教化政治卓然冠绝于环球，其声明文物，烂然震眩于耳目，一切举动，悉循公理，不必夸耀威力，而邻国莫不爱之重之；次曰受人畏慑之国，教化政治非必其卓绝也，声明文物非必其震眩也，然挟莫强之兵力，虽行以无道，犹足以鞭笞群雄，而横绝地球，若是者邻国虽疾视不平，亦且侧目重足，动色而群相震慑；至其下者，则蔫然不足以自立，坐听他人之蹴踏操纵，有他动而无自动，其在世界，若存若亡矣。若是者曰受人轻侮之国 。”

他认为，中国积弱，源于理想、风俗、政术、近事。通读其论，可见思想的僵滞、民智的不强、道德民气等的衰败，在近代以来中华民族深陷被动挨打困境中所扮演的角色。梁氏在文中，剖析了当时中国人“爱国之心薄弱”，认为此“实为积弱之最大根源”；剖析了当时中国人“人心风俗”之弊，如奴性、愚昧、为我、好伪、怯懦、无动等。梁氏尖锐地指出：“以今日中国如此之人心风俗，即使日日购船炮，日日筑铁路，日日开矿务，日日习洋操，亦不过披绮绣于粪墙，镂龙虫于朽木，非直无成，丑又甚焉。”虽然 110 多年过去了，但是，历经了太多屈辱的中华民族必须有清晰的历史记忆，那就是，没有强大的价值体系的支撑，不可能成就一个有力量的民族，一个有力量的国度。

中国共产党是作为中国新生产力的代表、作为中国无产阶级的先锋队，同时也是作为中国新文化的生力军登上谋求中华民族独立、富强与繁荣的历史舞台的。从登上历史舞台之日起，中国共产党就着力于在马克思主义的指导下推进中华民族价值体系的重构。在这一过程中，我们确立了马克思主义在意识形态、思想文化或者说价值体系领域的指导地位；明确了中华民族在新的历史条件下的价值追求；形成了社会主义社会人们的价值规范体系；激发了全民族团结奋进的精神力量。以马克思主义为指导的价值体系及其建设的成效与意义，已经在当代中国的迅速崛起与和平发展中得到了充分的体现和验证。

然而，我们必须看到，当代中国社会主义核心价值体系的建设，仍然任重而道远。对当下的价值体系及其建设，我们既应当看到主流，充满信心，也应当看到问题，正视挑战。

三、文化强国，本在育人

党的十七届六中全会通过的《中共中央关于深化文化体制改革推动社会主义文化大发展大繁荣若干重大问题的决定》要求，文化建设要“以满足人民精神文化需求为出发点和落脚点”，“坚持以人为本，贴近实际、贴近生活、贴近群众，发挥人民在文化建设中的主体作用，坚持文化发展为了人民、文化发展依靠人民、文化发展成果由人民共享，促进人的全面发展，培育有理想、有道德、有文化、有纪律的社会主义公民”。党的十八大报告也明确指出，文化建设的重要目标是“社会文化生活更加丰富多彩、人民基本文化权益得到更好保障、人民思想道德素质和科学文化素质全面提高”。

为什么要特别强调服务于人民大众在文化建设中的目的性意义？这是因为，文化的力量生发于、实现于文化对人的掌握。作为人的创造的文化只有为人所掌握的时候，才会获得展现其力量的主体根据；为文化所武装起来的人越多，文化所能够生发的力量也就越大。文化之成为软实力的一切要素，都只有通过具有相应素质的“人”才能够得以点活，成为有效的要素。

归根到底，一个国家文化软实力的强弱，关键在其国民文化素质的高低。文化强国之“强”与这一国家民众的文化素质直接成正比关系。古往今来的许多大国兴衰，都演绎着这样的道理。

英国学者 S.A.M. 艾兹赫德曾将公元 1650 年至 1833 年之间中国在世界格局中的位置概括为“中国比以往任何时期都更加成为以欧洲为中心的世界秩序的一部分”①，称“早在工业革命之前，中国和

---

①［英］S.A.M. 艾兹赫德著，姜智芹译：《世界历史中的中国》，上海人民出版社 2009 年版，第 275 页。

西方最先进的国家之间就已经存在着巨大鸿沟”①。作者用来解释“中国的相对停滞”和“欧洲无法阻挡的生机与活力”②的重要角度之一便是教育——识字率。他指出：“18世纪的欧洲，尤其是欧洲西北部，见证了文化教育从城镇到乡村的突破，从精英阶层到普通民众的拓展。在诺曼底，教育普及率在1700年是男性10%、女性7.5%，到了1800年则达到男性80%、女性65%。英格兰的文化教育在1600年时已经领先于法国，而到了1700年，苏格兰低地赶上并超过了二者，和新英格兰、瑞典一起，成为世界上文化教育水平最高的三个地区。不仅受教育的比例提高了，由于人口同时也在增长，接受教育的总人数的增长更是惊人：增长了六到十倍。此外，不仅数量增加了，质量也提高了。”③

但18世纪的中国却是另一番景象：“中国在18世纪经历了文化能力的退缩，从乡村向城镇萎缩，从普通大众缩小到精英阶层。中世纪时，中国由于发明了造纸术、印刷术，由于新儒学和像杭州、苏州、泉州这些大都市的发展，在初级教育和高级教育方面都享有难以匹敌的比率。……但到了19世纪，中国的识字普及率在城镇下降到50%、在乡村下降到25%，就算城乡人口之比是1∶4，有识字能力的人也仅占总人口的30%。如果有识字能力的男性比女性多一倍的话，那么男性中的40%、女性中的20%拥有识字能力，这一比率虽然在前现代国家仍然算是较高的，但远远落后于1800年英国的平均水平，

① ［英］S.A.M.艾兹赫德著，姜智芹译：《世界历史中的中国》，上海人民出版社2009年版，第276页。

② ［英］S.A.M.艾兹赫德著，姜智芹译：《世界历史中的中国》，上海人民出版社2009年版，第276页。

③ ［英］S.A.M.艾兹赫德著，姜智芹译：《世界历史中的中国》，上海人民出版社2009年版，第290～291页。

英国当时的情况是 67% 的男性、51% 的女性都接受过教育。”①

显然，作者是将这种“文化能力的退缩”作为其分析中国国力及其在世界格局中位置变化的重要角度。在近代中国，“文化能力的退缩”不断加剧。当时间再从公元 1800 年推进 100 年之后，梁启超更是以悲怆之笔记述了这种“文化能力的退缩”，并从这种“退缩”中探寻“中国积弱之源”：“吾所最悲者，不悲少特达智慧之人，而悲少通常智慧之人”，“四万万人中，其能识字者，殆不满五千万人也。此五千万人中，其能通文意、阅书报者，殆不满二千万人也。此二千万人中，其能解文法执笔成文者，殆不满五百万人也。此五百万人中，其能读经史，略知中国古今之事故者，殆不满十万人也。此十万人中其能略通外国语言文字，知有地球五大洲之事故者，殆不满五千人也。此五千人中，其能知政学之本源，考人群之条理，而求所以富强吾国进化吾种之道者，殆不满百数人也。”②

作者不得不悲叹，“以此而处于今日脑与脑竞争之世界，所谓‘盲人骑瞎马，夜半临深池’，天下之险象，孰有过此者也！”③

中外两位学者将文化能力与国力紧密联系的深刻论析，至今仍给人以震撼性启示。更加关注教育发展，更加关注文化民生，从民众的文化素质培植起，文化软实力才有牢不可摧的深厚根基，文化强国才会从梦想变成现实。改革开放之初，邓小平指出：“我们国家，国力的强弱，经济发展后劲的大小，越来越取决于劳动者的素质，取决于知识分子的数量和质量。一个十亿人口的大国，教育搞上去了，人才资源的巨大优势是任何国家比不了的。有了人才优势，再加上先

① [英] S.A.M. 艾兹赫德著，姜智芹译：《世界历史中的中国》，上海人民出版社 2009 年版，第 291 ～ 292 页。

② 易鑫鼎编：《梁启超选集》上卷，中国文联出版社 2006 年出版，第 17 页。

③ 易鑫鼎编：《梁启超选集》上卷，中国文联出版社 2006 年出版，第 18 页。

进的社会主义制度，我们的目标就有把握达到。……如果现在不向全党提出这样的任务，就会误大事，就要负历史的责任。”① 其中的深意也正在这里。

正是基于对上述历史经验教训的深刻记忆，当代中国的发展始终将包括高等教育在内的教育发展摆在基础与先行的战略位置着力推进。至 2009 年，全国高等教育毛入学率已经达到 24.2%，在学总规模 2979 万人，位居世界第一。另有数据表明，当前，全国拥有高等教育学历的从业人数超过 9830 万人，主要劳动年龄人口平均受教育年限 9.5 年，新增劳动力平均受教育年限 12.4 年。当代中国经济社会的迅猛发展，与我国国民整体文化素质或者说“文化能力”的迅速提升无疑有着直接而深刻的关系。

但我们也要看到：第一，我国民众的文化素质存量还不高。有研究表明，直至步入新世纪之时，我国人力资源的文化素质存量仍然不容乐观。“2000 年在世界 107 个国家的统计中，人力资源文化素质存量平均指数为 40.08，其中发达国家平均指数为 64.15，发展中国家为 32.34，转型国家为 56.04；中国为 35.88，低于世界平均水平”②。第二，当今时代“脑与脑的竞争”也不断地处于“升级换代”之中，文化素质的提升没有止境，文化国力的竞争也没有尽头。“脑与脑竞争”的这种时代特点，内在地规定了有助于这种竞争优势增长的教育必然是具有不断提升质量、始终趋向卓越特性的教育。胡锦涛同志在清华大学百年校庆上的讲话中关于“不断提高质量，是高等教育的生命线”的论断，既包含对我国高等教育发展现实的准确判断，也包含对教育发展上述时代要求的深刻把握。

---

①《邓小平文选》第三卷，人民出版社 1993 年版，第 120 ～ 121 页。

② 高书国、杨晓明主编：《中国人口文化素质报告》，社会科学文献出版社 2004 年版，第 140 页。

文化强国，要在育人，还表现在本国的文化在国际范围内对人的影响程度。当一个国家的文化还不能越出国境，对更多的国家和人们产生影响的时候，文化强国便无从谈起。约瑟夫·S. 奈之所以非常自信地认为在软实力方面"美国仍将独占鳌头"①，其重要依据之一也便是美国文化在全球所具有广泛的影响力。当前，在争做文化强国的进程中，各国都高度重视扩大自己文化的全球性影响。例如日本。2007 年 6 月 20 日，作为日本外相咨询机构的海外交流委员会向日本外相提交了"加强文化宣传五项建议"：设立日本文化志愿者计划；设立 100 多个遍布世界的日语教育网点，作为日本文化宣传和交流的基地；加强通过信息媒介（IT）和通过外国语言对外发布外交政策资讯；通过知识和学术交流培养亲日派的知识分子，并将日本学术界的思想对外传播；推出青年领袖计划促进对日本的理解。又如德国，在其外交部的主持和协调下，该国在世界范围内开展了多种文化推广项目，参与推广的合作伙伴包括德意志学术交流中心、德国之声、德国文化关系学院、歌德学院等。2008 年 2 月，德国启动"学校：塑造未来的伙伴"项目。该项目的目标是建立起一个由至少 1000 所与德国有密切联系的伙伴学校组成的遍布全球的网络，为当地学生提供学习德语和接受德国教育的机会，以激发各地的青年了解现代德国及德国语言文化的兴趣和热情，尤其在亚洲、中东和东欧地区。联邦议会 2008 年为该项目拨款 4500 万欧元，2009 年和 2010 年分别拨款 5400 万欧元，2011 年拨款 5100 万欧元。项目实施至今已成功建立伙伴学校 1500 所。2010 年 2 月 25 日，德国外交部部长基多·威斯特威勒（Guido Westerwelle）在柏林主持启动名为"走向世界的德语"的德语推广项目，并强调此举意在"塑造明日的世界"。

---

①［美］约瑟夫·S. 奈著，约瑟夫·S. 奈、门洪华编，门洪华译：《硬权力与软权力》，北京大学出版社 2005 年版，第 6 页。

党的十七届六中全会通过的《中共中央关于深化文化体制改革推动社会主义文化大发展大繁荣若干重大问题的决定》提出："推动中华文化走向世界。开展多渠道多形式多层次对外文化交流，广泛参与世界文明对话，促进文化相互借鉴，增强中华文化在世界上的感召力和影响力，共同维护文化多样性。……加强海外中国文化中心和孔子学院建设……构建人文交流机制……建立面向外国青年的文化交流机制……"放在世界文化发展的大背景、大格局中来看，这些都是我们走向文化强国进程中时不我待的战略课题。

四、文化强国，要在创新

十八大报告强调指出，建设社会主义文化强国，"关键是增强全民族文化创造活力。要深化文化体制改革，解放和发展文化生产力，发扬学术民主、艺术民主，为人民提供广阔文化舞台，让一切文化创造源泉充分涌流，开创全民族文化创造活力持续迸发、社会文化生活更加丰富多彩、人民基本文化权益得到更好保障、人民思想道德素质和科学文化素质全面提高、中华文化国际影响力不断增强的新局面"；要"营造有利于高素质文化人才大量涌现、健康成长的良好环境"。这些论述，清晰点明了创新在文化发展、文化强国建设中的重要意义。

之所以如此强调创新，体现了我们对文化发展规律的认识和把握。没有创新，就没有文化的生生不息、不断超越；就不能占据文化发展的制高点。而没有创新、缺乏活力、不处于制高点上的文化，不可能真正成就一个文化上的强国。这就是文化发展中的重要规律。

这也是我们从中华民族的兴衰史、从中华文化的兴衰史中得出的历史的启示、触摸到的历史的规律。

中国文化，在历史上曾经创造了世人瞩目的辉煌。在中国文化的发展史上，中华民族曾经以强劲的创新意识创造了人类社会独特而璀璨的文化成就。无以数计的史迹和文献，都无时不让我们对中华文化在历史上的盛极一时、领尽风流产生各种各样的回想。

但是，近代以来，由于多种原因的影响，中国文化步入了濡滞不进的境遇。对于这种境遇，很多思想家都有过评论。如，法国著名的启蒙思想家、18 世纪法国启蒙运动的领袖和导师伏尔泰曾经这样讲中国："在巴比伦的迦勒底人开始他们 1900 年的天文观察时——这一技术后来由卡利斯提尼斯（Callisthenes）传入希腊，当婆罗门开始统治部分印度时，当波斯人开始制定法律时，当南部的阿拉伯人和北部的西徐亚人还居住在帐篷里时，中华帝国就已经以她光辉灿烂的文化而著称于世了。"①"在 4000 年前，在我们甚至还不能阅读时，中国人已经知道了我们现在用以炫耀的全部极其有用的东西了。"但现在，"在科学方面，中国人还停留在我们 200 年前的水平上，他们和我们一样，也有无数可笑的偏见"。"我承认，中国人在看到了我们的温度计时，在看到了我们用硝酸钾结冰时，看到了托里拆利（Torricelli）和奥托 · 冯 · 盖里克（Otto von Guericke）的实验时，表现出了极大的惊奇，一如我们第一次见到这些科学实验时一样地惊奇。"② 英国古典经济学家亚当 · 斯密在其名著《国民财富的性质和原因的研究》中写道："中国一向是世界上最富的国家，就是说，是土地最肥沃，耕作最精细，人民最多而且最勤勉的国家。然而许久以来，它似乎就停滞于静止状态了。今日旅行家关于中国耕作、勤劳及人口稠密状态的报告，与 500 年前视察该国的马可 · 波罗的记述比较，几乎没有什

① 何兆武、柳卸林主编：《中国印象：外国名人论中国文化》，中国人民大学出版社 2011 年版，第 60 页。

② 何兆武、柳卸林主编：《中国印象：外国名人论中国文化》，中国人民大学出版社 2011 年版，第 54 页。

么区别。也许在马可·波罗时代以前好久，中国财富就已完全达到了该国法律制度所允许的发展程度。”①

1914 年 1 月，胡适在其《非留学篇》中也曾经这样描绘中华文化的盛衰历程：“当吾国文明全盛之时，泱泱国风，为东洋诸国所表则。稽之远古，则有重译之来朝。洎乎唐代，百济、新罗、日本、交趾，争遣子弟来学于太学。中华经籍，都为异国之典谟。纸贵鸡林，以觇诗人之身价。猗欤盛哉！大国之风也。唐宋以来，吾国文化濡滞不进。及乎晚近百年，则国威日替，国疆日蹙，一挫再挫，几于不可复振，始知四境之外，尚有他国。当吾沉酣好梦之时，彼西方诸国，已探赜索隐，登峰造极，为世界造一新文明，开一新天地。此新文明之势力，方挟风鼓浪，蔽天而来，叩吾关而窥吾室。以吾数千年之旧文明当之，乃如败叶之遇疾风，无往而不败衄。于是睡狮之梦醒矣！”②

胡适此论，于对中华文化历程的描述中，揭示了一个极其朴素而深刻的道理：文化的力量来自其先进性，文化的先进性来自其创新的活力。这是文化发展的一个不以人的意志为转移的规律。在文化交流交融交锋愈益深入和激烈的当下，以创新为动力不断提升文化的先进性，更具有突出的现实意义。

基于对历史经验教训的记取，当代的中国，正以对“创新”意义的深刻解读，呈现出强劲的创新活力。2004 年 5 月 11 日，英国外交政策研究中心曾经发表约翰·桑顿办公室主管合伙人、高盛公司高级顾问乔舒亚·库珀·雷默（Joshua Cooper Ramo）的研究报告《北京共识》。这份研究报告不惜笔墨地描述了当代中国的飞速发展和创

① 何兆武、柳卸林主编：《中国印象：外国名人论中国文化》，中国人民大学出版社 2011 年版，第 296 页。

② 白吉庵、刘燕云编：《胡适教育论著选》，人民教育出版社 1994 年版，第 19 页。

新改革，将中国称为“日新月异的国家”，并认为在这个正在“发生飞速的变化”的国度里，人们“以致几乎不可能跟踪正在发生的事情”，“以致不得不依靠笨拙的过时语言描述新事物”①。也正是基于对当代中国这种飞速的创新发展的感知，作者概括了“北京共识”三个定理，而置于首位的定理，就是创新。两年之后，作者在他关于中国的另外一篇研究报告《淡色中国》中再次从创新的角度描述了他眼中的中国：“在中国，你会发现创新对这个国家来说不只是一个简单的需求，而是令中国无法抗拒的诱惑，这也是中国的魅力之一。在中国的每个角落，你都有机会看到中国人正在用新的观念重新塑造自己的生活。”②

应当说，乔舒亚·库珀·雷默对当代中国的这种描述，是生动的，也是贴切的。创新，已经成为当代国人抑制不住的热情和渴望，成为当代中国所高扬的时代精神的核心内容，成为世人解读当代中国发展的关键词，成为贯穿当代中国一系列重大发展战略的总线索。党的十七大明确指出：提高自主创新能力，建设创新型国家，这是国家发展战略的核心，是提高综合国力的关键。党的十八大将“始终把改革创新精神贯彻到治国理政各个环节……不断推进理论创新、科技创新、文化创新以及其他各方面创新”作为“新的历史条件下夺取中国特色社会主义新胜利必须牢牢把握的基本要求”中的重要内容，提出实施创新驱动发展战略，强调“坚持走中国特色自主创新道路，以全球视野谋划和推动创新，提高原始创新、集成创新和引进消化吸收再创新能力，更加注重协同创新。……促进创新资源高效配

---

① 参见黄平主编：《中国与全球化——华盛顿共识还是北京共识》，社会科学文献出版社 2005 年版，第 9 ～ 12 页。

② ［美］乔舒亚·库珀·雷默等著，沈晓雷等译：《中国形象：外国学者眼里的中国》，社会科学文献出版社 2008 年版，第 34 页。

置和综合集成，把全社会智慧和力量凝聚到创新发展上来。”这些论述，无疑极其鲜明地揭示了创新对于当代中国走向繁荣昌盛的意义，也极其鲜明地表达了当今的中华民族创新创造的决心和信念。

然而，我们也应当理性地看待当代中国的“创新之潮”。从文化发展的角度而言，我们在感受高涨着的强劲创新意愿与有力的创新发展步伐的同时，也应当看到，推动文化的创新发展，仍然任重道远。问题尤其表现在三个“没有”：

——文化领域的西强我弱的格局至今仍然没有彻底扭转。“中欧交通以来，欧洲文化逐渐敷布东土”，“各种新思想、新学说，犹如怒潮，输入中国”① 的感慨，至今仍留给我们深刻警醒。当前，我们不少的学者是在全方位的西学中渐中构建所谓的学问，进行所谓的创新活动。这些，也需要我们警醒。

——中国文化的创新形象还没有真正确立。在当下，世人对中国文化形象的感知，仍然主要停留在中华民族悠久恢宏的传统文化上；提升文化软实力，在珍视优秀传统的同时，我们当更强劲地唤醒“新文化”意识、激发文化创新的活力。

——文化发展中的创新思维创新活力还没有得到有效张扬。我们仍然不难发现的是，经济实力的持续增长与迅速提升正激起国人更多的文化寻古情怀；较之文化体制创新，文化内容创新仍然步履蹒跚；我们仍然习惯于向世人展示文化的传统中国而非现代中国；不少地方仍然满足于在文化复古仿建中繁荣文化，希冀于考古新发现、名人故里争中成为“文化强县”。有国外人士评论认为：“假如中国一直都做类似杂技、书法、太极拳之类的表演……这都是非常好的东西，人们很喜欢，可是，把这么有意思的、全面的、复杂的中国，就用

① 张星烺：《欧化东渐史》，商务印书馆 2000 年版，第 3、102 页。

杂技和书法来解释是很可笑的”①;“中国一些官员在展示本国的文化时，却仍然习惯于选用那些老掉牙的戏剧、文打武斗的功夫和平淡无奇的茶叶，他们还未意识到如何充分利用当代中国的文化先锋”，“当前很多人试图树立中国的‘古老’形象——比如,在全球各地开设‘孔子学院’——世界知道中国有多古老，无须再去强调。真正需要的只是以简单的方式去了解今天的中国正在发生什么。所以，中国要加强与世界的沟通与了解，多谈谈国家的创新、不断涌现的新思想以及应对诸多问题的新举措，效果都要比古老传统好得多”②。

推进文化创新是一个系统工程，需要我们将创新的意识、创新的思维贯穿于文化体制、内容、形式发展的方方面面，还需要我们不断增进自己的文化自信。这是我们推进文化创新的重要前提性条件。党的十七届六中全会和十八大，都极其鲜明地提出了确立高度文化自信的战略要求。文化自信问题之所以被如此关注，是因为，作为一个国家、一个民族对自我文化的确信，文化自信既是一种文化传承创新的精神基石，也是一种文化从容应对不同文化间交流交融交锋的价值底气，是一种文化维护自身安全、彰扬自身特性的第一道思想屏障。与此相应，文化自信也便成为文化强国建设中不可或缺的心理准备和思想条件。

增强文化自信，需要我们自信地面对古人、自信地面对洋人，也需要我们自信地看待今人。自信地看待今人表现在，我们要充分肯定今人在实现文化新发展中的根本性意义，尊重今人的创新创造。没有这一点，任何文化都会裹足不前、停滞萎缩。这也是一个大家都

---

① 张哲、徐臻:《“我们表达的不是一个完美的德国”——专访歌德学院中国院长阿克曼》,《南方周末》2009 年 6 月 25 日。

② [美]乔舒亚·库珀·雷默等著，沈晓雷等译:《中国形象:外国学者眼里的中国》，社会科学文献出版社 2006 年版，第 35 页。

熟悉的问题。而问题恰恰在于，今人的文化创造似乎正受到许多今人的漠视。当下的人们在将大师的桂冠一顶顶送给古人、送给洋人的时候，同时又在一遍遍地集体发问："为何当代中国没有大师？培养不出大师？"学术研究中，一些人"对本土思想资源的强调，往往只是对于中国古代思想资源的'回忆'"而回避"中国当下的经验和对这种经验的创造性思考"①，等等。诸如此类的现象，其实表现了作为今人的我们自己对今天国家和民族的发展、对今人的创造实践和研究成果的漠视、冷落和不自信。而对今人的自信建立不起来，我们所谓的文化自信就没有现实的落脚之处。但我们也要承认，以当下为基点的文化自信要真正确立起来，需要有其现实根据，那就是不断指向文化发展制高点的创新创造。因此，作为今人的我们，要能够接续古人的辉煌，要能够采借洋人的优长，要能够赢得后人对我们的尊重，要奠定将文化自信的基点立在当下的现实依据，还是要靠我们永不停止的创新创造。

高扬起创新之帆，中华民族的文化巨轮便会满载先民馈留的无尽宝藏，吸纳世界各民族的优秀成果，乘风破浪，勇往直前，成就中华文化的新气象，赢得文化强国的新荣光。这是中华民族的梦想，也是当代中华儿女的职责和使命。

---

① 赵剑英、干春松：《现代性与近代以来中国人的文化认同危机及重构》，《学术月刊》2005 年第 1 期。

玖

创造中华文化新的辉煌

文化自信，不能“高谈而不根”。增进和坚定中国特色社会主义的文化自信，涵养有力量、有底气的文化自信，需要我们有更强的当下意识、时代意识、担当意识、创造意识，有效夯实其认知认同的根基、创新创造的根基、民众素质的根基、全面发展的根基。

“四个自信”的本质内涵是中国特色社会主义自信；“四个自信”的关键主体是中国共产党人。对党内政治文化的自信，以及基于这种自信而形成的坚定执着的信仰信念、纪律遵行、工作作风等，是共产党人坚定“四个自信”的内核性要求。

如果将中华文化喻作由远古奔腾而来的一条长河，那么，中国特色社会主义文化则是这条汪洋激流在当今时代的流段，是引领中华文化的汪洋激流继续向前的潮头。当代中国共产党人和中国人民的文化使命，就是为这条汪洋激流拓展更加开阔的河床，开掘更加丰富的源泉，注入更加充沛的流量。

筑实文化自信的根基

文化自信，不能“高谈而不根”。增进和坚定中国特色社会主义的文化自信，涵养有力量、有底气的文化自信，需要我们有更强的当下意识、时代意识、担当意识、创造意识，有效夯实其认知认同的根基、创新创造的根基、民众素质的根基、全面发展的根基。

一、筑实认知认同的根基

文化自信，立基于文化自知之上。由认知、理解而认同、确信，是文化自信生成、强化的基本进路。不断地深化对文化自我的认知、增进对文化自我的认同，是文化自信构建中一项基础性的工程。我们不能在对自我文化知之不深、知之不确、知之不全的状况下，满足于“热烈”但却抽象、空洞地喊“自信、自信”。文化的自知，知什么？知整体、知走势、知内蕴、知趋向。中华文化是一个整体，恰如一条由远古奔涌而来、恣肆汪洋、一往无前的大河。对中华文化的认知，我们既应知其源、识其流，也应真切地领略其涛浪所之、潮头所向。唯有这种整体性认知，才能让我们更加深刻地体悟出中华文化中所通贯的大道、中华文化发展所体现的历史大逻辑。推进这种整体性认知在当代中国的普遍性增进，需要我们在构建好中华优秀传统文化传承体系的同时，也积极构建红色文化和革命传统传承体系、中国特色社会主义文化弘扬教育体系，将中国特色社会主义的文化自信建立在对中华文化发展历史必然性的深刻把握之上。从内在结构角度而言，文化自信既体现为文化精神的自信，也体现为文化能力的自信、文化道路的自信。与此相应，在推动全社会深化对中华文化整体性认知的过程中，我们还应当注重对中华文化真精神的提炼与开掘，注重在历史与现实的结合上讲明中华民族伟大的文化创造能力，注重对中国特色社会主义文化道路的科学阐释，引导人们在对中华文化精神、中华民族文化能力、中国特色社会主义文化道路的清晰理解中，增进我们坚持和发展中国特色社会主义、创造中华文化新辉煌的自信。

二、筑实创新创造的根基

文化的生命力，激活和增进于永不停息的创新创造。在漫长的历史进程中，我们的先民正是用卓绝于世的创新创造，铸就了中华文化的饮誉风流，奠定了令当下的中华民族足以自信的历史底气。同时还要看到的是，我们应当自信于所拥有的辉煌文明史，但自信于史，不是句号，我们更要有对于从辉煌文明史中一路走来、延伸于脚下的现实的事业的自信。新时代中华民族文化自信的底气，只有在旧邦新命的历史接续中、在文化创造活力充分涌流的当下实践中，才会更加充盈浩荡。在十三届全国人大一次会议闭幕式上的讲话中，习近平总书记指出："有这样伟大的人民，有这样伟大的民族，有这样的伟大民族精神，是我们的骄傲，是我们坚定中国特色社会主义道路自信、理论自信、制度自信、文化自信的底气，也是我们风雨无阻、高歌行进的根本力量。"① 三个"这样伟大"，之所以成其为"伟大"，就在于我们的人民和民族具有伟大的创造精神、奋斗精神、团结精神、梦想精神，永远心怀梦想，始终革故鼎新，创新创造，自强不息。永不停息的创新创造，成就了我们历史上的伟大，也唯有永不停息的创新创造，才能成就我们当下的伟大，开创我们立足当下、面向未来的新辉煌。党的十九大报告强调："中国共产党从成立之日起，既是中国先进文化的积极引领者和践行者，又是中华优秀传统文化的忠实传承者和弘扬者。当代中国共产党人和中国人民应该而且一定能够担负起新的文化使命，在实践创造中进行文化创造，在历史进步中实现文化进步！"② 这些论述所鲜明展示的，正是我们党推进文化创新创造的自觉和雄心。我们应将这种自觉和雄心，转化为全党和全民族的行动，以承于古、强于今的信念和作为，以思想理论、学说体系、文艺作品、文化新业态等的精彩纷呈，在为人类贡献新的发展模式、发展道路的同时，也把自己在文化创新创造中取得的新成果奉献给世界，为当今时代中华民族的文化自信注入充沛不竭的新时代的底气。

---

① 习近平：《在第十三届全国人民代表大会第一次会议上的讲话》，《人民日报》2018 年 3 月 21 日。

② 习近平：《决胜全面建成小康社会　夺取新时代中国特色社会主义伟大胜利——在中国共产党第十九次全国代表大会上的报告》，人民出版社 2017 年版，第 44 页。

三、筑实民众素质的根基

人是文化创新创造的主体，也是人类社会一切历史创造的主体。文化创新创造、人类社会所有创新创造的进程及其成果，始终与人的素质不可分解地联系在一起。正是在这种创新创造的过程中，人们展示着、实现着也并增益着自己的本质力量。提振文化自信的过程，同样要与人们文化创新创造的进程紧密地结合起来，与人们综合素质的提升、与全民族素质的整体性提升紧密地结合起来。筑实文化自信的民众素质根基，要求我们切实关注“以教育人”这个关键点，抓好教育强国建设这一中华民族伟大复兴的基础工程，切实把教育事业放在优先位置，全面贯彻党的教育方针，落实立德树人的根本任务，深化教育改革，加快教育现代化，发展素质教育，推进教育公平，办好人民满意的教育，加快建设学习型社会，培养德智体美全面发展的社会主义建设者和接班人，培养担当民族复兴大任的时代新人。筑实文化自信的民众素质根基，还要求我们切实关注“以文化人”这个关键点，将以人民为中心的发展思想切实贯穿到文化发展的全过程，将不断促进人的全面发展摆在谋划、推进文化发展的中心位置，着力构建把社会效益放在首位、社会效益和经济效益相统一的文化体制机制，完善公共文化服务体系，深入实施文化惠民工程，丰富群众性文化活动，让文化改革发展成果更多更公平地惠及全体人民，为满足人民过上美好生活的新期待提供丰富的精神食粮。

四、筑实全面发展的根基

文运同国运相牵，文脉同国脉相连。文化自信作为一种积极的精神状态，与文化的发展状况息息相关，但绝非仅仅生发于文化的历史与现实基础之上，而是随着整个经济社会、国运民祉的发展变化而发展变化。改革开放以来，之所以我们的文化自信得以不断地增进，之所以国际社会对中国的关注度越来越高，“他们想了解中国，想知道中国人的世界观、人生观、价值观，想知道中国人对自然、对世界、对历史、对未来的看法，想知道中国人的喜怒哀乐，想知道中国历史传承、风俗习惯、民族特性，等等”①，归根到底，都是因为有着中国经济社会长足发展、中国力量历史性提升的强力支撑。对文化自信问题的观察和思考，需要我们放眼于整个国家和民族的发展进步，放眼于经济社会改革发展的全局。发展是解决我国一切问题的基础和关键。进一步提振我们的文化自信，需要坚定不移地全面深化改革开放，在继续推动发展的基础上，着力解决好发展不平衡不充分问题，大力提升发展质量和效益，更好满足人民在经济、政治、文化、社会、生态等方面日益增长的需要，更好推动人的全面发展、社会全面进步，用人民美好生活需要不断得以满足的发展进步的实践和事实，筑实文化自信的现实根基。与此同时，我们也应更加自觉地探索、揭示当代中国发展进步背后的文化逻辑、文化力量，更加清晰地展示当代中国发展进步中的文化新创造新气象，用以滋养我们向新而行的文化自信。

① 《习近平谈治国理政》第二卷，外文出版社 2017 年版，第 315 页。

培育良好的党内政治文化

党内政治文化是一个政党生命力、创造力、凝聚力的重要表征和重要滋养，也是一个政党在全社会公开树起的精神旗帜。中国共产党 90 多年的奋斗历程，磨砺了自己具有崇高理想、博大情怀、严明纪律和磊落品性的党内政治文化；这种政治文化，伴随着中国共产党走过了开天辟地、栉风沐雨的峥嵘岁月，成为其中不可或缺的精神要素。在新的历史起点上，进一步推进党内政治文化的建设，需要我们在强党与兴国的全局中深刻认识党内政治文化建设的战略意义，在信仰、纪律、作风的统一中全面把握党内政治文化建设的丰富内涵，在坚定自信、立心重行中培厚党内政治文化的活力基础。

一、培育良好的党内政治文化是强党兴国的根本要求

要进行好具有许多新的历史特点的伟大斗争、有效应对各种风险和挑战，实现“两个一百年”奋斗目标、实现中华民族伟大复兴的

中国梦，必须把我们党建设好、建设强。这是十八大之后，我们党全面分析党和国家工作面临的新形势新任务，分析党内、国家、社会以及国际环境中出现的新情况新问题，得出的重要结论。这一结论，进一步揭示了把党建设好、建设强的重要性紧迫性，也揭示了强党与兴国的内在关联。中国共产党是中国特色社会主义事业的领导核心。而党唯有始终坚强有力、为民心所系，才能始终立于时代潮头，真正担负好领导的责任，引领民族复兴的宏伟进程。

强党兴国的一项根本性的要求，即积极培育良好的党内政治文化。良好的党内政治文化，是党内能够形成共同意志、实现共同行动并始终具有自我革新自我净化能力的必有基础，是党能够不断感召、吸引一批批优秀者向往之、追求之、加入之、为之奋斗的巨大磁力，是党能够深深扎根于人民群众之中，从而拥有永不枯竭的力量之源的重要前提。中国共产党发展壮大的历史轨迹、中国共产党领导人民迎战险阻、创造奇迹的接力前行中，都反复地揭示着这一朴素而又深刻的道理。当前，我们党面临着执政考验、改革开放考验、市场经济考验、外部环境考验，面临着精神懈怠危险、能力不足危险、脱离群众危险、消极腐败危险，在多种因素的影响下党内也客观存在着习近平总书记所尖锐批评的“七个有之”① 等不良现象。考验、危险和不良现象的存在，使得加强党内政治文化的建设，不仅是党的历史给我们的启示、党建原理向我们提出的要求，也是现实的党情摆在我们面前的重大课题。不解决好这个课题，我们“最终不仅不能实现我们的奋斗目标，而且可能严重脱离人民群众，上演霸王别姬的悲

① 中共中央纪律检查委员会、中共中央文献研究室编：《习近平关于党风廉政建设和反腐败斗争论述摘编》，中央文献出版社、中国方正出版社 2015 年版，第 50 页。

剧”①。自觉推进党内政治文化的建设,需要我们在历史与现实、理论与实践、强党和兴国的统一中深刻把握这一党的灵魂性建设的重大意义。

二、良好的党内政治文化是信仰、纪律、作风等的集中反映

党内政治文化反映着一个政党的价值追求、理想抱负与行为准则,是区分一个政党的性质、判断其先进性与发展状态的精神标识。中国共产党的党内政治文化,具有自己明确而独特的规定性,它应时刻鲜明地反映马克思主义关于无产阶级政党的本质要求,充分体现中华民族的根本利益、美好期待和优秀传统。这是判断我们党内的政治文化是否积极向上、健康良好、正气充沛的根本尺度。我们所要培育的良好的党内政治文化,就是与上述基本规定性相一致的党内政治文化。

党内政治文化是具有丰富内涵和表现形式的综合体。坚定的信仰、严明的纪律、优良的作风等是我们党内政治文化的基本要义。信仰是政党成其为政党的第一要素,是党的凝聚力的精神发源地。对马克思主义的坚定信仰,对共产主义和社会主义的坚定信念,是中国共产党人的初心所在、党性所系。纪律是政党组织性的内在要求,是政党战斗力的重要保障。坚持严格的建立在民主基础上的集中制、有自觉的铁的纪律,是中国共产党之所以“能”的重要原因,也是我们能够经受新的考验,创造新的辉煌的重要条件。政党的作风是一个政党展现于人民大众的行为风格、精神风貌。在历史进程中形成的包括理论联系实际、密切联系群众、批评与自我批评等在内的优良

① 习近平:《在党的十八届六中全会第二次全体会议上的讲话》,《求是》2017年第1期。

作风，与坚定的信仰、严明的纪律等一道构成了我们党良好的党内政治文化，也是我们继续前行所当葆有的优秀传统。信仰、纪律、作风层层关联，涵化一体。培育良好的党内政治文化，需要有信仰、纪律、作风建设的整体推进。

我们所要积极培育的良好党内政治文化，还有一个极为重要的方面，即勇于创新创造的精神。与时俱进是马克思主义的理论品性，也是马克思主义政党的宝贵品格。面对当今急速奔流的时代大潮、复杂多变的世情国情，身处机遇稍纵即逝、矛盾多重叠加、风险空前集聚的发展阶段，我们党唯有敏锐把切现实的脉动，不断创新创造，才能有效领航没有母版、不是翻版和再版、也无处借版的中国特色社会主义建设这一宏伟而独特的创造性实践。勇于创新创造，是我们的党和党内的政治文化必须听清把准的时代呼声。

三、培育良好的党内政治文化需要坚定自信、立心重行

将经由革命、建设、改革的实践反复锤炼、历史和人民反复检验积淀而成的党内政治文化转化为每一位党员的内在素质、内在自觉，根据世情国情党情的发展变化为党内政治文化注入新的时代内涵，是党的建设中的一个永恒课题，是党内政治文化培育永远在路上的基本内涵。培育良好的党内政治文化，需要我们积极回应一系列的新课题，做出系统的努力。坚定自信、立心重行是其中的重要方面。

一是要坚定自信，即坚定所有共产党人对党内政治文化的自信。“四个自信”的本质内涵是中国特色社会主义自信；“四个自信”的关键主体是中国共产党人。对党内政治文化的自信，以及基于这种自信而形成的坚定执着的信仰信念、纪律遵行、工作作风等，是共产党人坚定“四个自信”的内核性要求。有了共产党人对这种内核性

要求的积极践行，我们也才能更加赢得人民群众对党的政治文化的认同、信心和信任，才能推进全社会“四个自信”的普遍性增进，积聚起全民族致力复兴大业的磅礴伟力。

二是要立心重行。“欲事立，须是心立。”[1] 心立，即确对党的信仰、使命、宗旨、纪律等认同、虔敬与矢志不移。习近平总书记曾指出：“党内政治生活出现这样那样的问题，根子还是一些党员、干部理想信念这个‘压舱石’发生了动摇，世界观、人生观、价值观这个‘总开关’出现了松动。”所说明的亦即“心立”的极端重要性。做到心立，需要我们每位党员都真正地念好共产党人的“真经”，勤读中华民族和共产党人的“正史”，在开阔的世界视野中深思党的责任和国家的进路，悟大道，守初心，明大德。于立心的同时，还要重行，将所悟、所守、所明转化为实实在在的行动。党内政治文化的生命力、对强党兴国的作用力，生成并增进、实现于它的深入人心和积极践行之中。只立心，不立行，不是共产党人的政治文化，无法担当执政党的使命。立心而又重行，是我们每位共产党员应当持守的修养论，也是党内政治文化培育应当遵从的基本原则。

① 《张载集·经学理窟·气质》。

为文化自信注入新时代的充沛底气

再创文化的辉煌，是曾经绘就人类文明璀璨篇章的中华民族近代以来的伟大夙愿；建成文化上的强国，是站在历史新起点上的中华民族明确提出的战略目标。十八大以来，以习近平同志为核心的党中央带领全国人民扎实推进社会主义文化强国建设，提出的一系列新理念新思想、推动的一系列新战略新实践，进一步深化了我们党对中国特色社会文化建设的规律性认识，更加丰富地展开了我们这个古老民族的文化新画卷，标注了当代中国走向文化强国的新里程。

一、文化强国建设理论的系统构建

建设社会主义文化强国的时代命题，于党的十七届六中全会提出、党的十八大强化，更在十八大以来理论与实践的双重探索中得到了极其丰富的展开。思想文化领域一系列座谈会的密集召开，习近平总书记围绕文化问题发表的一系列重要讲话，既是一次次文化强国建设的社会动员，也系统展现了我们党关于中国特色社会主义文化建设的理论新成果。这一理论新成果，以实现中华民族伟大复兴为根本目标，以创造中华文化新的辉煌为任务要求，以中国特色社会主义文化发展道路为路径选择，对为何以及如何推进社会主义文化强国建设问题做出了全面而系统的回答。

这一理论新成果，形成于以宽广视角对文化问题的深度省察。论及文化问题，习近平同志总是反复强调，要以“宽广的视角”，将之“放到世界和我国发展大历史中去看”，“放在我国和世界发展大势中来审视”。观察问题的宽广视角，既体现在从大历史中探寻大逻辑，也体现在立足时代高点去把握大格局大趋势，是“向前看”“向后看”“向内看”“向外看”的有机统一。十八大以来我们党所形成的包括关于文化建设在内的新的思想理论成果，无不生成于在这种宽广视角下对问题的聚焦与深察。基于这种宽广的视角，我们党在对人类文明发展变迁、文化竞争时代新态以及中华民族全面复兴的再研判与新探索中，不断增进对文化建设重要性与规律性的认识，进一步阐明了文化力量与民族命运之间的深层关联、文化兴盛对于实现中华民族“两个一百年”奋斗目标和民族复兴中国梦的深层意义，清晰揭示了建设社会主义文化强国的“势”所必然与必由之路，确立了当代中国文化建设的理论指南。

这一理论新成果，展开为对中国特色社会主义文化建设关键领域的系统观照。文化建设是一个系统工程，既需要弘扬根植民族心性、居于时代潮头的文化精神，彰明文化之魂；也需要各具体文化门类文化样态的竞领风骚，强健文化之体；更需要有效对接人民群众的精神文化需求，推动全民族精神境界与文化能力的普遍性提升。十八大以来我们党围绕提高国家文化软实力、弘扬培育社会主义核心价值观等先后组织中央政治局集体学习，并以总书记主持逐一召开座谈会的形式，对文化改革发展做出了系统的理论阐述。贯穿其中的总题目是提高国家文化软实力、建设社会主义文化强国，总要求是弘扬和培育社会主义核心价值观，出发点与落脚点是满足人民群众日益增长的精神文化需要，内容涉及繁荣发展社会主义文艺、做好党的新闻舆论工作、发展健康向上的网络文化、加快构建中国特色哲学社会科学、推动宣传思想工作及高校思想政治工作创新发展等方方面面，是社会主义文化强国建设理论的系统建构。

这一理论新成果，内含着对社会主义文化强国建设面临重大问题的自觉回应。从问题出发，是马克思主义理论的宝贵品质，也是理论创新生命力的根本所在。当代中国没有母版、不是再版、无处借版的创造性实践，之所以说呼唤并孕育着思想文化的新篇，重要原因在于它提出了一系列重大而独特的崭新课题。十八大以来我们党关于文化建设所形成的理论新成果，便是在回应现实问题中所实现的理论升华。习近平同志在思想文化领域系列座谈会上的讲话，无不通篇贯穿着强烈的问题意识、贯穿着直面问题的勇毅和自信。如何传承好自己的精神基因，实现优秀传统的创造性转化、创新性发展？如何创作生产出无愧于我们这个伟大民族和时代的优秀作品？如何彰显中国特色哲学社会科学的主体性和原创性？如何让全民族的文化创造活力充分涌流？如何向世界讲好中国故事、展示好中华文化独一无二的理念、智慧、气度、神韵？……对问题的勇敢直面与积极回应，赋予了理论新成果引领实践新发展的深厚力度。

这一理论新成果，阐明了文化强国建设的中国逻辑。在新进中央委员会的委员、候补委员学习贯彻党的十八大精神研讨班开班式和庆祝建党 95 周年大会上，习近平同志都特别强调指出：“中国特色社会主义是社会主义而不是其他什么主义”①,“我们要建设的是中国特色社会主义,而不是其他什么主义”②。我们所要建设的文化强国,是社会主义文化强国,有自己当循的道路和逻辑。习近平同志对中国特色社会主义文化建设中指导思想、方向原则、重要任务以及承扬传统、博采外域、创新创造、开放互鉴、人才队伍等问题的丰富论述,透彻地回答了文化发展中“一与多”“古与今”“中与外”“常与变”“人与文”等基本关系问题,也进一步揭示了社会主义文化强国建设的中国特色与本质要求。以马克思主义为指导、以中国实际为根据、以人民为中心、以优秀传统为滋养、以创新创造为动力、以开放互鉴为取向、以人才队伍为根本、以体制改革为突破,如此等等,是社会主义文化强国之路内在规定性中的基本要义。这些基本要义在文化领域方方面面建设中的贯穿,是我们文化强国建设顺利推进的重要前提。

二、文化强国建设实践的扎实推进

基于实践的理论创新,同时也是实践创新的先导。十八大以来,我们党基于文化建设的新实践不断深化对文化兴盛之道的探索,也以新理念新思想新战略积极引领着文化强国建设的现实进程,对内全面深化文化的改革发展,对外传播塑造中国的文化形象,以承续着五千年悠久文明的文化新建设,着力勾绘中华文明的时代新风,增进中华民族的文化自信。

---

① 中共中央宣传部编:《习近平总书记系列重要讲话读本》,人民出版社2016年版,第27页。

② 习近平:《在庆祝中国共产党成立95周年大会上的讲话》,人民出版社2016年版,第13页。

文化建设实践的新进展，体现在社会主义文化强国建设顶层设计的基本形成与实施推进。党的十八届三中全会在全面深化改革的统筹规划中确立了文化改革发展的总体框架；十八届四中全会从全面依法治国的战略高度提出文化法治建设的基本要求；中央全面深化改革领导小组第二次会议审议通过的《深化文化体制改革实施方案》，进一步细化了文化改革发展的路线图、时间表和任务书。这些方面，与我们党关于文化建设的理论新成果融贯一体，构成了新时期社会主义文化强国建设顶层设计的基本内容。十八大以来，党和国家围绕弘扬培育社会主义核心价值观、新型智库建设、文艺繁荣、传统文化传承、媒体融合发展、公共文化服务、国有文化企业发展、文化产业振兴、文化“走出去”、人才发展体制机制改革等出台指导性意见、定规立法并付诸实施，从不同的战略关键点细化实化、具体展开了社会主义文化强国建设顶层设计中的有关内容。顶层设计的基本形成，确立了文化强国建设的理念引领、实践路径与制度保障；顶层设计的细化实施，加快了文化强国建设的总体进程。

文化建设实践的新进展，体现在全社会文化自觉的新增进和文化精神的新振提。在当前的中国，“文化”之热正以磅礴之势席卷大江南北；实现文明的复兴、再创文化的新辉煌，越来越成为叩响亿万国人深情与梦想的激越旋律。文化的自觉、文化的因素已悄然渗入经济社会发展方方面面，成为不同领域的改革发展中都极为关注的标示发展的维度、激励发展的愿景、支撑发展的资源、助益发展的禀赋。作为中国特色社会主义文化精神的集中反映，社会主义核心价值观的弘扬培育贯穿于生产生活的方方面面、融入国民教育全过程，也日益成为文艺创作及各类文化作品展开笔触的底色、着力书写的主题；追求高尚、礼赞人民、放歌理想、崇敬英雄……正越来越成为当代中国文化多彩乐章的总基调。文化热的再度兴起，文化精神在整体上的激扬向上，因应着文化在民族振兴、国家发展中地位与作用日益凸显的时代特征，体现着近年来党和国家文化强国建设社会动员的实际成效，也为文化的创新创造营建了良好的氛围和条件。

文化建设实践的新进展，体现在文化事业和文化产业的发展壮大。十八大以来，随着文化体制改革的深化、文化生产力的解放和发展，文化事业更趋繁荣、文化产业生机蓬勃。包括国家、省、地市、县、乡、村和城市社区在内的六级公共文化服务网络已告建成；各种因地制宜、扎根本土而又通透着时代气息、为人们喜闻乐见的公共文化服务模式不断推出；有关文化惠民重点工程深入推进，2780 个博物馆、纪念馆和 43510 个公共图书馆、美术馆、文化馆，以及有条件的科技馆免费开放。日益加大力度的文化遗产保护，牵记着中华民族的文化乡愁。人们的“文化餐桌”日趋丰盛。据有关统计，我国电视剧和图书年产量已居全球第一，电影产量已居全球第二。仅 2015 年，全国新创作戏曲、话剧、歌剧、舞剧、儿童剧等便达 600 多台；国产故事影片 686 部，同比增长 11%；国产影片票房 271 亿元，同比增长 61.6%，占总票房六成以上。文化产业朝着成为国民经济支柱性产业迈出新的步伐。2015 年全国文化及相关产业增加值 27235 亿元，比上年增长 11%，比同期 GDP 名义增速高 4.6 个百分点；占 GDP 的比重为 3.97%，比上年提高 0.16 个百分点，成为经济增长的新亮点。

文化建设实践的新进展，体现在中国文化面向世界从容自信的交流互动。文化唯有在良性的交流互动中才能更好地激发活力、展现魅力，不断超越向前。当代的中国文化在以宽广的胸怀拥抱世界的同时，也越来越以卓然风姿走向世界。至今，我国已与 157 个国家签署了文化合作协定，初步形成了覆盖世界主要国家和地区的政府间文化交流与合作网络；中俄、中美、中欧、中阿、中非等人文交流合作机制向更高层次发展；500 多个孔子学院和千余所孔子课堂遍布

135 个国家；丝绸之路影视桥、“丝路书香”工程等各种各样的文化品牌活动也沿着“一带一路”延展开来，成为助益路相通、心相通，既传“神”又有“形”的文化纽带。对外文化贸易势头强劲、竞争力显著增强，多元丰富的对外文化贸易体系基本形成。在对外传播中，我们积极创新话语体系，主动设置议题，面向世界讲述中国故事、传播中国声音的能力与水平明显提升。“学术中的中国”“理论中的中国”“哲学社会科学中的中国”“文化中的中国”等正越来越增进着其在世界人们面前的可见度、清晰度和吸引力。

在庆祝中国共产党成立 95 周年大会上，习近平同志指出：“当今世界，要说哪个政党、哪个国家、哪个民族能够自信的话，那中国共产党、中华人民共和国、中华民族是最有理由自信的。”我们的文化自信，滋养于我们这个民族延绵不绝的文明史，更不断增进于中国特色社会主义事业的全面开拓、增进于我们坚守自己的文化理想和文化价值所不懈推进的文化创造新实践。十八大以来文化强国建设理论与实践的新探索新推进，既展现着当今时代的中国共产党人和中华民族更强的文化自觉，也为我们的文化自信锤炼新的实践基石，注入新的充沛底气。

担负起新的文化使命

习近平总书记在党的第十九次全国代表大会上的报告，站在中国特色社会主义进入新时代的历史高度，对决胜全面建成小康社会、夺取新时代中国特色社会主义伟大胜利做出了全面系统的规划和部署，做出振奋人心、催人奋进的全党全民族的总动员。在报告中，总书记以“坚定文化自信，推动社会主义文化繁荣兴盛”为总纲，提出了新时代中国特色社会主义文化建设的战略要求与关键路径。他还特别指出：“当代中国共产党人和中国人民应该而且一定能够担负起新的文化使命，在实践创造中进行文化创造，在历史进步中实现文化进步！”这些论述，为我们创造中华民族文化的新辉煌确立了理论的指南和行动的纲领。

“当代中国共产党人和中国人民应该而且一定能够担负起新的文化使命”这句话，写在十九大报告文化部分的结语之中，其实，也是十九大报告文化部分的灵魂、主题和主线所在。报告对“坚定文化自信，推动社会主义文化繁荣兴盛”的方方面面的战略部署，归结为一句话，便是当代中国共产党人和中国人民要担负起新的文化使命。“当代中国共产党人和中国人民应该而且一定能够担负起新的文化使命”这句话，展现了当代中国共产党人和中国人民应有的文化自信，也突出强调了当代中国共产党人和中国人民推进文化创新创造、推动文化发展进步的责任与使命。对总书记提出的“担负起新的文化使命”要求认真学习、深化研究并使之成为全党全民的文化自觉，具有重大的现实意义。

一、“担负起新的文化使命”，是建设新时代中国特色社会主义的内在要求

历史车轮滚滚向前，时代潮流浩浩荡荡。历史只会眷顾坚定者、奋进者、搏击者，而不会等待犹豫者、懈怠者、畏难者。文化事业与其他任何事业一样，都不能停顿、不容简单守成，都唯有不断地创新创造，才能生机盎然、充满活力。“担负起新的文化使命”，是永葆中华文化生命活力的要求，是实现创造中华文化新辉煌、建成中国特色社会主义文化强国奋斗目标的要求，也是中国特色社会主义进入新时代在文化方面提出的要求。

十九大报告重大的理论创新之一，在于做出了中国特色社会主义进入了新时代的崭新论断。习近平同志指出：“经过长期努力，中国特色社会主义进入了新时代，这是我国发展新的历史方位。”这个新时代，是中国共产党人和中国人民接力奋斗、拼搏创造的历史性成就，是我们推进民族复兴的新起点，同时，这个时代，更是要求我们承前启后、继往开来，以更大的定力、气魄和智慧有效应对重大挑战、抵御重大风险、克服重大阻力、解决重大矛盾的时代；是需要我们有新气象新作为，下气力推进伟大斗争、伟大工程、伟大事业以实现伟

大梦想的时代。这些要求在文化领域的反映，就是我们要真正担负起新的文化使命，创造与新时代同步的文化新业绩，提供推进新时代阔步向前的思想引领、精神动力和人才支撑。

“担负起新的文化使命”，也是新时代我国社会主要矛盾的变化所提出的明确要求。十九大报告将我国社会主要矛盾概括为人民日益增长的美好生活需要和不平衡不充分的发展之间的矛盾，具有重大的理论创新意义，也具有极为重要的现实指导意义。正如习近平同志所指出的那样：“我国社会主要矛盾的变化是关系全局的历史性变化，对党和国家工作提出了许多新要求。”对社会主要矛盾的新判断，要求我们建设事业的方方面面，准确把握人民群众期盼和需要的新态势新特点，以更高质量更加充分的发展，满足人民群众的期盼和需要。在人民日益增长的美好生活需要中，对民主、法治、公平、正义、安全、环境等方面的要求日益增长，对丰富和高质量精神文化的需要更强烈。满足人民过上美好生活的新期待，必须提供丰富的精神食粮。人民日益增长的美好生活需要呈现出的新的鲜明特点，要求我们在全面推进经济社会发展的进程中，必须以满足人民群众的精神文化需求为出发点和落脚点，全面推进文化事业和文化产业快速发展，构建更高水平的文化公共服务水平，更好地落实文化惠民工程，更好地担负起新的文化使命。

二、“担负起新的文化使命”，就是要着力推进中国特色社会主义文化的新发展

中国共产党是作为新的生产力的代表登上历史舞台的，也是作为新文化的代表登上历史舞台的。在推动中国历史前行和民族复兴的进程中，中国共产党人始终将建设中华民族的新文化、推动中华文

化的新发展作为自己重要的奋斗目标。正如十九大报告所高度凝练概括的那样:“中国共产党从成立之日起,既是中国先进文化的积极引领者和践行者,又是中华优秀传统文化的忠实传承者和弘扬者。”接续中华民族辉煌灿烂的文化史向前开拓,开旧邦以新命,与中国共产党人的初心和使命始终紧紧地联系在一起。

改革开放以来,“社会主义”始终是我们党的历次代表大会对文化建设方面的论述和部署中不变的关键词。党的十二大报告提出“努力建设高度的社会主义精神文明”,并将之称为“建设社会主义的一个战略方针问题”;党的十三大报告强调“必须以马克思主义为指导,努力建设精神文明”;党的十四大报告提出要“把社会主义精神文明建设提高到新水平”;党的十五大报告对有中国特色社会主义的文化建设予以系统部署,并特别指出“有中国特色社会主义的文化,就其主要内容来说,同改革开放以来我们一贯倡导的社会主义精神文明是一致的”;党的十六大报告强调“全面建设小康社会,必须大力发展社会主义文化,建设社会主义精神文明”;党的十七大报告提出“推动社会主义文化大发展大繁荣”;党的十八大报告进一步确立了“扎实推进社会主义文化强国建设”的行动纲领。十九大报告秉持马克思主义的文化观和我们党对中国特色社会主义文化建设的一贯态度,强调要坚持中国特色社会主义文化发展道路、繁荣发展中国特色社会主义文化、建设社会主义文化强国,对我们要建设什么样的文化、如何建设这样的文化这一文化发展中的根本性问题,做出了旗帜鲜明的回答,对当代中国共产党人和中国人民应当担负起的新的文化使命做出了明确的界定。

如果将中华文化喻作由远古奔腾而来的一条长河,那么,中国特色社会主义文化则是这条汪洋激流在当今时代的流段,是引领中华文化的汪洋激流继续向前的潮头。当代中国共产党人和中国人民的文化使命，就是为这条汪洋激流拓展更加开阔的河床，开掘更加丰富的源泉，注入更加充沛的流量。十九大报告指出："中国特色社会主义文化，源自于中华民族五千多年文明历史所孕育的中华优秀传统文化，熔铸于党领导人民在革命、建设、改革中创造的革命文化和社会主义先进文化，植根于中国特色社会主义伟大实践。"这一论述，深刻揭示了中国特色社会主义文化的历史来源、实践根据，也阐明了推进中国特色社会主义文化建设的方法论原则。推进中国特色社会主义文化建设，就是要以马克思主义为指导，扎根中国特色社会主义的生动建设实践，在实践创造中进行文化创造，在历史进步中实现文化进步；就是要坚守中华文化立场，自觉传承好中华民族五千多年文明历史所孕育的中华优秀传统文化，在创造性转化、创新性发展中实现优秀传统文化在新时代的新生；就是要始终坚持面向现代化、面向世界、面向未来的，民族的、科学的、大众的文化品性，以开放包容、自信从容的姿态，不断铸就中华文化新的辉煌。

三、"担负起新的文化使命"，要求我们有推进文化创新创造的新作为

十九大报告指出："中国特色社会主义进入新时代，我们党一定要有新气象新作为。"担负起新的文化使命，同样离不开我们在文化建设方面实实在在的新作为。报告从牢牢掌握意识形态工作领导权、培育和践行社会主义核心价值观、加强思想道德建设、繁荣发展社会主义文艺、推动文化事业和文化产业发展等方面，提出了文化建设的一系列战略任务和工作要求。所有这些，都是我们实现中国特色社会主义文化繁荣发展应有的新作为。在落实这些新作为的过程中，我们尤应关注以下三个方面。

一是始终坚持以人民为中心。“不忘初心，牢记使命”，是十九大报告关于大会主题表述的开篇之语，也是贯穿全篇的灵魂。中国共产党人的初心和使命，就是为中国人民谋幸福，为中华民族谋复兴。这一“初心”在发展观上的具体展开，便是以人民为中心的发展思想。报告在关于新时代中国特色社会主义思想内涵、关于新时代坚持和发展中国特色社会主义基本方略的阐述中，都特别强调以人民为中心的问题。这些思想和要求，应当始终贯穿于中国特色社会主义文化的建设进程之中。文化建设各方面工作的推进，都要始终尊重人民的主体地位，尊重人民的劳动创造，保障人民的文化权益，努力满足人民的精神文化需求、促进人的全面发展，在服务人民、依靠人民中实现文化的兴盛繁荣。

二是始终坚持以社会主义核心价值观为灵魂。习近平同志曾精辟指出：“核心价值观是文化软实力的灵魂、文化软实力建设的重点。这是决定文化性质和方向的最深层次要素。”社会主义核心价值观是当代中国精神的集中体现，是社会主义文化的灵魂。建设社会主义文化强国，必须积极弘扬和培育社会主义核心价值观，厚植我们的民族和国家最持久、最深层的精神力量，确立起我们的文化体系赖以良性运行的价值中轴。核心价值观作为文化体系的精髓、培育社会主义核心价值观作为建设社会主义文化强国的灵魂工程，内在地要求我们在推进社会主义文化强国建设的进程中将核心价值观的建设摆在首要位置，同时也要求我们将核心价值观融会贯穿到文化建设以及整个经济社会发展的方方面面，使之真正成为其内在的跃动的灵魂；要求文化的各个领域及社会的各条战线都担当起弘扬培育社会主义核心价值观的责任，共同建设好我们民族的精神家园。

三是始终坚持以激发全民族的创新创造活力为关键。当今时代的中华民族，要在文化方面不做望“洋”兴叹者，也不做望“古”兴叹者，必须有承于古、强于今的雄心，有创新创造活力的充分涌流。一个国家的文化能力，既是其文化发展状况的标示，是其文化发展的依据，也是其文化自信构成的重要基础。一个文化能力贫困的国家，不可能在文化的制高点上欣赏万千气象；一个不注重文化能力涵养、厚植的国家，不可能长久保持文化上的荣光，不可能成为文化旅途上突起的新军。文化能力的核心构成，即文化创新创造的能力。最大限度地激发全民族的文化创新创造活力，需要引领着当代中国发展进步的中国共产党人始终能够登高望远、居安思危，勇于变革、勇于创新，永不僵化、永不停滞，保有永不懈怠的精神状态和一往无前的奋斗姿态，引领社会的进步和文化的发展；需要在全面深化改革的进程中，不断深化文化体制改革，破除一切束缚文化生产力的体制机制障碍；同时也需要我们的教育更加注重青年一代创新创造意识与能力的培养，用一切先进的思想和知识武装青年一代的头脑，着力培养能够担当民族复兴大任的时代新人，并充分发挥好促进全民族文化素质整体提升的积极作用。

附录

沈壮海：文化涵育思想　价值导引人心

清晨，珞珈山下，风景如画。匆匆穿行武汉大学校园的沈壮海不禁驻足，轻嗅几株芳妍初绽的梅花。

生活再是忙碌，也消磨不了一颗充满爱与美的心。片刻品赏，他便吟得“凌寒梅花次第开，铁骨冰心暗香来”的诗句，然后欣然离去，开始投身“战斗的一天”。

如果当年没有选择从教治学，这位武汉大学马克思主义学院教授极可能顺从天赋与兴趣，成为一名书家，或者诗人。而人生的湍流在第一个转弯处遇到思想政治教育这一宏阔江河，便汇流其中，再未分开。

我国马克思主义理论与思想政治教育专业首届统招博士生；马克思主义理论学科首批长江学者特聘教授；马克思主义理论研究和建设工程教材编写课题组最年轻的首席专家之一；首开先河组队编创全国《思想政治教育发展报告》……这位“70后”教授的履历中，刻写下一连串“开创”，载录着丰硕成果。

而他对思想政治教育的观照与研究，从未囿于学科边界。从思政教育到价值观培育，从价值观到以其为内核的文化软实力，进而立足文化建设的大背景反观思政教育发展路向……一路求索，他日渐形成“在对文化问题与思政教育问题的共同关注中思考、探索的学术偏好”。

笔抒胸臆，言为心志。或许化用其中两部书作的名字，最能梳理其研究理路——思想政治教育需要“文化视野”，而“文化软实力及其价值之轴”须经由思想政治教育这一“心灵工程”方能实现。

思想之路不断拓展，信念之基愈加稳固。

思政情缘——
思想政治教育需要“破茧而出，贴地飞翔”

回想初见沈壮海的情形，电子科技大学马克思主义学院戴钢书教授记忆犹新。

26 年前，执教于武汉大学的他作为招生代表远赴河南，选招一名中等师范毕业生入校就读思想政治教育本科专业。最终的胜出者，就是沈壮海。

除了出类拔萃的学习成绩，面试时提交的论文《论思想政治工作的地位作用》和一番沉稳谈吐，已透射出颇具潜力的思维锐度与学术功底。

出身河南博爱县寒门农家的沈壮海，自幼好学善思，初中毕业后考取了当时因能提前“农转非”而大热的焦作中等师范学校。1990 年 9 月，沈壮海离家南下，自此结缘巍巍武大。

作为我国最早研究和传播马克思主义的重镇，武汉大学马克思主义理论学科底蕴深厚，对思政教育专业人才的培养可谓精心。

同班学生只有 20 人，每位都经过重重遴选。和其他专业动辄招生几百人、常态性大班授课相比，沈壮海和同学们尽享学术“小灶”之益。多位知名教授联袂讲授马克思主义经典著作，鼓励学生读书、撰文、慎思笃学，在社会实践中认识民生社会……熏陶渐染下，原本醉心于“舞文弄墨”和书法理论的沈壮海逐渐领受马克思主义的理论魅力与现实意义，并被师长们的信仰之坚定、敬业之激情深深打动。

本科、硕士、博士，十年光阴，一路求索。2000 年，沈壮海如期毕业，成为我国首批马克思主义理论与思想政治教育专业博士学位获得者。因为本硕阶段的优异表现，他甫一读博就被学院委以教职，边教学边读书，忙碌中大有学术精进、提升自我的深沉乐趣。

不负众望的是，他精心撰就的博士毕业论文备受好评，迅速引起学界瞩目。

这本名为《思想政治教育有效性研究》的著作，在答辩翌年便告出版，并入选“武汉大学学术丛书”，此后十余年间多次印刷，第三版又即将修订推出。

导师黄钊教授撰长文为序，如是评价：“（此书）对提高思想政治教育有效性所涉及的一系列问题，进行了从宏观到微观、从历史到现实、从理论到实践的深入探讨，其思想之敏锐，观点之新颖，论证之用功，为同类著作所不多见。”

中国人民大学马克思主义学院教授刘建军也给予高度肯定。在他看来，作者首先对“有效性”这一经验性话语进行理论考察，“把这一实践课题带入了科学的殿堂”；进而又将目光转向现实的思想政治教育工作，“把科学成果从科学殿堂带入现实工作的对策中”。这样的研究，不是浮于表面，而是“深入海底”，提供了“奠定在深厚理论研究基础上的对策研究”。

出版后众口交赞的佳作，选题过程不乏老师们的精心点拨，其中也有过不少善意的提醒。

“这个题目看起来是对策研究，会不会深不下去？有的老师担心：我们的第一届博士生，还是应该多研究基础理论。直接研究应用对策，理论深度够不够？”沈壮海回忆。

师长们的教诲给了他坚持探索这一课题的更大信心和动力。这是深思熟虑后的自信与坚持，也是对现实问题的主动回应。20 世纪 90 年代，思想领域矛盾斗争错综复杂，被寄予厚望的思想政治教育却难如人意。多次讨论、反复斟酌后，他和导师黄钊达成共识：理论研究必须服务现实、支撑发展，思政教育作为“经世致用、成风化俗”的学问，尤其如此。在新的历史条件下，思政教育如果不能产生实效，则其价值、功能、地位就皆无着落，继续发展也就成为一句空话。因此，“有效性”这一议题自有深远意义。至于“理论深度”，他则用完整系统的学理论述、纵横中外古今的比较研究、独到而坚实的创新观点做了精彩回应。

强调思政教育的理论性、应用性双重属性，注重满足人们对这一学科在理论与现实中的双向期待，自此成为沈壮海的治学理路。用他的话说，“理论研究应当是‘有术之学’，即有用之学、可用之学；应用研究当是‘有学之术’，即有理论支撑、学理依据的应用研究”。

以此为肇端，他在思政教育的海洋中奋力遨游，捧出珍贝若干，激起浪花无数——

提出拓建“宏观思想政治教育学”，倡导从宏观视野、全局发展来研究思政教育的责任及其担当，参与到知识界广泛关注的重大现实问题中去，紧贴社会主流意识形态的发展变化、巩固创新，交出思想政治教育学科特有的答卷。

描绘思想政治教育学科的“新自觉与新未来”，呼唤学人们更加自觉地植根当下实践、更加自觉地直面数据时代、更加自觉地坚持学科自性，以新的自觉推动学科的新发展，使学科更有激情与理性地面对未来、开创未来。

深研学科研究面临的范式转换问题，呼唤“更加鲜明地坚持中国立场、拓展世界眼光、强化问题意识、张扬学术思维、注重科际整合”的研究新范式，使思想政治教育在生动发展的实践面前继续持有强大的生命活力和理论穿透力。

探求思想政治教育研究的“返本开新”之途，认为思政教育正面临着渐趋固化、消退敏感性的困境，必须“破茧而出，贴地飞翔”，切实推行理论创新——“破茧而出”，即突破当前渐趋固化的学术旨趣、理论视野、话语体系、研究方法；“贴地飞翔”，即植根生动发展的实践，在对实践的高度敏感、深度关注和深切感知中实现理论的飞跃……

连珠成串，便是一条熠熠闪光的学术创新链条。

2003年，时年32岁的沈壮海获评教授；次年，被遴选为专业点最年轻的博士生导师；2013年，入选2012年度教育部长江学者特聘教授奖励计划，成为全国马克思主义理论学科首批获此殊荣的二人之一。

自此他便有了“沈长江”的雅号。中国人民大学马克思主义学院博士后张智对“沈长江”的评价，颇具代表性：“勇立思想政治教育的大江潮头，既勇于担当，守卫这片江水的优质生态，又善于掀澜，引领这条江河的发展势头。”

文化情怀——探寻“文化软实力的中国话语、中国境遇、中国道路”

2013年12月30日，中共中央政治局举行第十二次集体学习，主题锁定“国家文化软实力”。

两位讲解人无疑是此领域之翘楚，沈壮海即为其中之一。

和历次讲座、授课一样，沈壮海的讲述赢得好评，而治国者们对文化问题的孜孜以求与深刻理解，亦给他以深切触动。

武大求学十年，沈壮海从未放弃过文化喜好。本科毕业，他写就论文《董仲舒德教思想论析》；硕士阶段，悉心研读《礼记》《乐记》及相关典籍，挖掘儒家眼中乐、艺与道德之间的关系。十年攻读期间，于中国古代道德文化方面多有著述的黄钊教授的言传身授，激发着他从传统文化与当代思想道德建设结合点上精研审思、求学问道的浓厚兴趣。

从事博士后研究的两年，他在刘德厚教授指导下聚焦当代中国文化建设问题的研究，并参加了教育部人文社科研究重大项目《从十四大到十六大：马克思主义在当代中国的新发展》，作为子课题《马克思主义文化理论在当代中国的新发展》负责人出色地完成了任务。

笔耕不辍间，论著接二连三：《先进文化论》《软文化 真实力》《文化软实力及其价值之轴》《文化如何成为软实力》……随着研究日益深透，对中国文化建设中的关键问题与症结所在，他不断形成独到的观点。

——文化软实力研究，亟待超越美国学者“软实力”之论，形成“中国话语”。

沈壮海清醒地看到，美国学者约瑟夫·S. 奈所谓之“软实力”，实即以价值为核心、以吸引为手段、以同化为目的影响他国喜好与意愿的能力，其论不乏冷战思维，而中国着力塑造的“文化软实力”，立意、内涵及目标指向等与此截然不同。因此，我们不能“跟着说”“杂着说”，而要“自己说”“大声说”，及时确立中国学界对“文化软实力”概念本土化的、共识性的理解，形成在这一基本概念上的“中国话语”。

——文化自信，当承于“古”、强于“今”；树立和增强文化自信，须以“进一步提升中华文化的创新创造能力”为出发点。沈壮海指出，文化自信既指向历史也指向现实，树立和增强文化自信，既要戒除文化的历史虚无主义，礼敬自豪地对待中华优秀传统文化，也要戒除文化的“现实虚无主义”，礼赞并全力推进当下的文化创新创造。

——高度珍视并积极对待传统文化，既要取其精华世代传扬，更要“让优秀传统穿上得体的时装”。“首先强化文明的筛选意识和机制，取其精华、去其糟粕；进而增进文明创生的意识和能力，用当今时代的话语体系讲好中国古代的故事，赋予传统文化思想以新的内涵，将传统元素融入新的文化生产、建构和创造力。”沈壮海呼吁，展示好当代中国的文化形象，务必要熟悉历史的中国，立足当下的中国；了解文本的中国，深入现实的中国；观察特色的中国，看清开放的中国。

高度的思辨能力、锐利的思维灵光、磅礴的文字表达……很多学者对沈壮海治学的鲜明色彩印象深刻。而在武汉大学哲学学院教授、博士生导师汪信砚看来，沈壮海的文化研究，关键在于确立了甚为宽广的全新视野。“学术研究的视野是极其重要的，它在相当大的程度上决定着人们的论域以及研究的方法和水平。新的视野的确立，往往会展现出学术研究的新天地，引起研究方法和理论上的重大创新。”

正是这种宽广视野，使沈壮海在近年来中国思想界重大议题——社会主义核心价值观的讨论与推进中建树卓然。

2014 年 3 月，通俗理论读物《兴国之魂——社会主义核心价值体系释讲》问世。这部不足 20 万字的“小册子”由沈壮海担任主编，来自马克思主义哲学、科学社会主义、中国历史等学科的六位博士生导师联袂撰著。理论之基、探求之路、文化之源、价值之核、时代之境、践行之思，六个角度的释讲清晰透彻、层层深入，给人以思想的开启与阅读的美感。读本一经推出，好评如潮，至今已发行十几万册，并荣获中宣部第13届精神文明建设“五个一工程”奖。

沈壮海历年来关于核心价值观的诸多观点，在读本中得到了集中而生动的展示——

如何培育和践行社会主义核心价值观？融于教、涵于制、行于众、化于境、固于利——只有将核心价值观融于教育、内化为制度、变为惠及百姓的好处，才能推动人人主动践行，落到实处。

一种价值观的培树，不但要有“乐谱”，更要靠“乐手”——提出24个字的社会主义核心价值观，等于谱好了乐谱；但要把乐谱变成扣人心弦的旋律，还得依靠每一个沉醉于其中的乐手。

培育和弘扬社会主义核心价值观，人人可为、人人必为、人人受益，人人都是社会主义核心价值观的筑堤者……

如何破除核心价值观建设的“思维之结”？怎样增强作为文化自信内核的价值观自信？怎样把握并利用好核心价值观的传播规律？更多创见，化作一篇篇厚重严谨的学术论文，被记录在那场波澜壮阔的核心价值大讨论之中。

今天，更多关乎文化发展与研究的要务正在他手中有序推进，开花结实。

积极推进国家出版基金项目《21世纪以来国外文化战略重要文献选编》，组织团队搜集美、英、法、德等十几个国家关于文化建设的重要文本，汇编出版。“我们的文化建设究竟处于什么发展方位？比较方能出真知。编这套文选，相当于画出当今世界文化建设的坐标系，从而确立我们中国的坐标点。”他谋划着明天，兴味盎然。

由武汉大学牵头的国家文化软实力协同创新中心组建以来，在梳理中华文化的生成发展、发掘文化软实力的根基、考察不同文明之间对话、探讨当代中国先进文化建设、塑造中国国家形象方面深耕细作，正在涵育一批重要成果，在资政建言方面蹚出新路。

即将到来的 4 月，一本全新的学术期刊——《文化软实力研究》行将问世。这本由国家教育部主管、武汉大学主办的综合性学术期刊，将聚焦当代中国文化软实力建设的重大理论和现实问题，努力为提高国家文化软实力提供智力支撑。作为武汉大学人文社会科学研究院院长、《文化软实力研究》编委会的重要一员，沈壮海又肩负起了新的使命。

师者情深——

问题意识、责任担当。“凡作传世之文者，必先有可以传世之心”

在武大枫园，矗立着一块刻写有《师德铭》的碑石。每每经过，沈壮海都会默默吟诵，也曾为其手书，虔敬摹写。“荧荧红烛，巍巍师魂，身立杏坛，首修人品……”104 字的武大人自创铭句，浸染心魂。

学生们心里，自有衡量“师德”的一架天平。

“一位好老师，可以让你如坐春风，也会令你如芒在背。”武大马克思主义学院师资博士后刘水静这样描述心中的沈壮海。

“如芒在背”的似乎是小事，却从未淡忘——2012 年国庆假日期间，沈壮海找来刚入博士后流动站的刘水静交流论文写作。因为担心久习哲学的刘水静存在学科转换困难，沈壮海叮嘱其查实一些概念。几天后再见议起此事，刘水静惊觉早已忘记。沈壮海并未责难，默默拿出一张纸：“我查了几本论著，你看看是否有帮助。”

“我当时顿觉后背生了芒刺一般，窘迫而内疚。后来相处多了感受更深：沈老师很少严厉斥责学生，但他有自己的方式，让你愧疚于自己的懈怠。”刘水静感慨。

这种方式，简言之，便是“要求学生严，对自己更严”。学生们深知，沈壮海教学科研的举重若轻、挥洒自如背后，有天资，更有无数辛勤与苦功。

学生时代，勤学深思就是沈壮海的日常状态。为了写作博士论文，他广泛阅读，系统考察了从先秦到明末清初两千多年中国典籍中相关论述，仔细选读了从古希腊到中世纪以至近、现代各历史时期西方思想家的相关文章，并再次逐篇精读《马克思恩格斯选集》《列宁选集》《毛泽东选集》《邓小平文选》及相关经典著作，摘录了厚厚五大本读书笔记，以至于某些段落烂熟于心。

及至执鞭杏坛多年，沈壮海仍对每堂课抱有敬重之心。就在身兼多职终日忙碌的常态中，为了给本科生讲好三堂德育思想史课程，他提前两个月便认真准备，还特意重读《马可·波罗游记》等相关书籍积累资料。飞机上、路途中，碎片化的时间在他这里都是工作时段。学生们常在清晨五六点收到他回复的电子邮件，也常在递交论文几天后收到批注得密密麻麻的修改版。

“读书求学不宜懒，天地日月比人忙”。民国时期的熊伯伊《四季读书歌》中的句子，常被他拿来自勉，并勉励学生。

忙碌的沈壮海，从不疏离与学生之间的联系。只要不出差，周六日他都雷打不动地在办公室读书撰述，并有针对性地指导学生。

“沈老师会和我们一起讨论问题、修改文章，一起去食堂吃碗面，甚至一起散步。他对学生的尊重和平等以待，让你不忍辜负，唯有要求自己做得更好。”博士生段立国感言。

勤力严谨只是最基本的要求。沈壮海心目中理想的学术，不但要高于现实，还要观照现实、对接现实、服务现实，“问题意识”与“责任担当”至为重要，调查研究与“应用之学”不可或缺。

2006 年，沈壮海主持了国家社会科学基金特别委托项目《全国未成年人思想道德建设工作测评体系研究》。这一经历启发他从另一个视角去看待思想政治教育工作——能否编制这个学科的年度发展报告，记述其生动实践，展现其实际效果，紧跟其创新进程，为下一步发展提供事实参考与前瞻预判？

说干就干。2009 年春，十余位来自不同高校的思政学者应邀小聚珞珈山。“学术创业”的热情一点即燃，一项并无资助的研究项目就此启动。是年底，《思想政治教育发展报告 2009》正式面世，并获得各界高度评价。至今，《报告》已出版六辑，总计近 300 万字，为思政教育学科发展留下了翔实数据与宝贵资料。

至今回想，沈壮海仍觉感奋。“在组织编纂过程中，我更分明地感受到了青年学者团队所承扬的、老一辈学者所殷殷期望的学科建设责任意识和创新精神。思政学科是一个年轻的‘后来者’，唯有更多的创新、创造，更强的现实关注与责任担当，更加坚实的理论支撑才能助其成长、立高瞩远。”

关注学科壮大，更情牵学生成长。他时常提点学生：做人远重于功业，“治心”方能治学，正所谓“凡作传世之文者，必先有可以传世之心”。在一次关于学者成长的讲座中，他一口气罗列了 30 个字、10 个词，道出了其心中期许的“人格密码”——厚功底、有担当、大视野、阔胸怀、勇创新、常开拓、会领军、能持守、淡名利、严规范。

这是对自我的严格要求，更是对后学的殷切期许。

45 岁，正值当打之年。今天，沈壮海的忙碌有增无减。

除了常规教学科研之外，随着马克思主义理论研究与建设工程的持续深入开展，作为工程首席专家的他将教材的编写修订、理论读本的编纂审读、重大课题的组织实施视为军令，随时响应；伴着建设中国特色新型智库的热潮在高校掀起，他更坚定了带领团队“为国谋良策”的决心与步伐。

工作之外，兴趣爱好唯有书法。曾在大学时代编写出版《硬笔书法精义》的他，用和人品一样端方刚健的笔体，书写着情怀追求，书写着心中日月，书写着无比珍视却始终亏欠的家庭亲情。

他目光瞄准的前方，是永无止境的“创新”。“哲学社会科学的创新，当求是而戒趋时，当植根实践而戒拘古摹西，当面对时代、面对实际，紧紧抓住时代的内在要求，研究新材料、开拓新领域、得出新结论、解答新问题；哲学社会科学的创新，也有赖于哲学社会科学工作者的齐心努力。”他许下愿望，期待着与同道们共同实现——“‘愿学新心养新德，旋随新叶起新知’，让我们携手并进，推动学科建设和文化发展持续创新，不断超越！”

（《光明日报》2016 年 2 月 25 日，记者王斯敏、通讯员张青格）

后　记

提振文化自信，是当代中国的文化建设和发展面临的一个重大课题。近年来，围绕这一课题，学界的研究，已然成潮。那么，到底什么是文化自信？为什么在当下的时空境遇中我们要特别关注文化自信问题？当代的中国需要切实提振的应当是怎样的文化自信？又当如何提振我们的文化自信？诸如此类的问题，都是文化自信研究中应当深度涉及、明确阐析的基本问题。目前热烈展开的研究、讨论，推动着我们不断深化对这些问题的认识；但对这些问题的深入探索，也还仍然需要学界继续付出共同的努力。

对于文化自信问题，这些年来我也发表了一些文字，表达自己的一孔之见。其中专门论述文化自信问题的最早篇章，当为 2012 年 4 月 20 日刊于《中国教育报》的《文化自信的基点应确立在哪里？》一文。此后，围绕这一论题，我又陆续发表了《文化自信的维度》（《求是》2017 年第 5 期）、《为中华民族的文化自信注入新时代的充沛活力》（《人民日报》2017 年 3 月 22 日）、《涵养向新而行的文化自信》（《光明日报》2017年10月18日）等多篇文章。这些文章，对文化自信的内涵、意义、结构、根据、根基以及增进路径等，提出了一些自己的看法。

蒙湖北人民出版社章雪峰先生等鼓励，我在这些研究的基础上，整理形成了摆在读者面前的这本薄薄的《论文化自信》，以为当前文化自信问题的热议献一芹。书中的相关内容，多曾正式见诸报刊，但这里呈现的，均为刊前的原稿。个别篇章，系合作所成，其中，《文化自信中的内与外》合作者为曾婕、刘水静；《在弘扬伟大民族精神中砥砺前行》合作者为史君；《树立为人民做学问的理想》合作者为张东刚。谨向合作诸君诚表谢忱。

湖北人民出版社对拙著的出版多有厚爱，责任编辑雪峰、心婷、世蕾在书稿编辑过程中的热情和精心，着实令人感动。王斯敏、张青格曾就我近些年的研究工作撰专访刊于2016年初的《光明日报》，于我多有鞭策。许家烨、李晓述仔细译校了本书的英文目录。许家烨、樊雪峥、蒋婷婷对文稿进行了细心的核校。本研究得到了中宣部文化名家暨“四个一批”人才计划等项目、马克思主义理论与中国实践湖北省协同创新中心的支持。在思考文化自信问题、形成这些文字的过程中，我从许多前辈和时贤的论著中获益良多。在此，一并致以深深谢意！

沈壮海

2018年8月2日